사회평론

글 사회평론 과학교육연구소
대학에서 오랫동안 과학을 연구한 전문가들이 모여, 우리 아이들이 쉽고 재미있게 공부할 수 있는 책을 만들고 있습니다.

글 이현진 (사회평론 과학교육연구소 연구원)
상명대학교에서 생물학과를 졸업하고 열린사이버대학교에서 심리학을 공부했습니다. 서울의대유전체의학연구소에서 연구원으로 있었으며, 와이즈만영재교육연구소와 아이스크림미디어에서 다수의 과학콘텐츠를 개발했습니다.

글 설정민 (사회평론 과학교육연구소 연구원)
서울대학교 생물학과를 졸업하고 같은 대학교 대학원에서 석사 학위를 받은 뒤 박사 과정을 수료하였습니다. 아이에게 과학을 쉽고 재미있게 얘기해 주려 노력하다 보니 어린이를 위한 책을 만드는 일에도 관심을 가지게 되었습니다. 현재 사회평론 과학교육연구소 연구원으로 과학책을 만들고 있습니다.

글 김형진 (사회평론 과학교육연구소 연구원)
연세대학교 천문대기과학과를 졸업하고 같은 대학교 대학원에서 석사, 박사 학위를 받았습니다. 과학자를 꿈꾸는 아이들에게 올바른 과학 개념과 과학적 태도를 함께 키울 수 있는 방법을 전달하기 위해 노력하고 있습니다. 현재 사회평론 과학교육연구소 연구원으로 과학책을 만들고 있습니다.

글 이명화 (사회평론 과학교육연구소 연구원)
서울대학교 물리교육과를 졸업하고 같은 대학교 대학원에서 석사, 박사 학위를 받았습니다. 10여 년간 중학교에서 과학을 가르쳤으며, 미국 아리조나 주립대에서 물리학으로 박사 학위를 받고 독일, 미국, 영국에서 연구원으로 근무하였습니다. 쉽고 재미있는 과학책을 쓰는 일에 관심을 갖고 있으며, 현재 사회평론 과학교육연구소 연구원으로 과학책을 만들고 있습니다.

그림 조현상 (매드푸딩스튜디오)
미국 필라델피아에서 U-Arts를 졸업했습니다. 한국과 미국에서 동화, 일러스트레이션, 만화 등 다양한 작업을 하고 있습니다.
mad-pudding.com | instagram.com/madpuddingstudio

그림 뭉선생
2004년 LG 동아 국제만화 공모전에 입상하며 작품 활동을 시작했습니다. 그린 책으로 《조지의 우주를 여는 비밀 열쇠》 시리즈, 《용선생 만화 한국사》 시리즈, 《용선생 처음 한국사》 시리즈, 《용선생 처음 세계사》 시리즈 등이 있습니다.

그림 윤효식
2002년 《소년 챔프》에 〈신검〉으로 데뷔하여 어린이에게 유익한 학습 만화를 그리고 있습니다. 그린 책으로 《마법천자문 사회원정대》 시리즈, 《용선생 만화 한국사》 시리즈, 《용선생 처음 한국사》 시리즈, 《용선생 처음 세계사》 시리즈 등이 있습니다.

감수 박재근
서울대학교 생물교육과를 졸업하고 같은 대학교 대학원에서 과학교육 전공으로 석사, 박사 학위를 받았습니다. 생물교육과 환경교육을 주로 연구하고 있으며, 중학교, 고등학교 교사를 거쳐 현재 경인교육대학교 과학교육과 교수로 재직 중입니다. 2015 개정 교육과정의 중학교 과학교과서, 초등학교 과학교과서를 함께 저술하였습니다.

캐릭터 이우일
홍익대학교에서 시각디자인을 공부한 만화가입니다. 그림책 작가인 아내 선현경, 딸 은서, 고양이 카프카와 함께 그림을 그리고 글을 쓰며 살고 있습니다. 지은 책으로 《우일우화》, 《옥수수빵파랑》, 《좋은 여행》, 《고양이 카프카의 고백》 등이 있고, 그린 책으로 《노빈손》 시리즈, 《용선생의 시끌벅적 한국사》 시리즈, 《교양으로 읽는 용선생 세계사》 시리즈 등이 있습니다.

용선생의 시끌벅적 과학교실

소화와 배설

글 **사회평론 과학교육연구소** | 그림 **조현상·뭉선생·윤효식** | 감수 **박재근** | 캐릭터 **이우일**

햄버거가 똥이 되는
신비한 몸속 터널!

사회평론

프롤로그

여러분, 안녕? 과학반을 맡은 용선생이야. 내 명성은 익히 들어 봤겠지? 역사반과 세계사반을 모두 훌륭하게 성공시키며 방과 후 교실 최고의 인기 교사가 된 그 용선생이란다. 교장 선생님께서 특별히 부탁하셔서 이번에는 과학반을 맡게 되었어. 어찌나 사정을 하시던지 도무지 거절할 수가 없었지 뭐야. 그래서 이 몸이 깜짝 놀랄 수업을 준비했단다.

우리의 수업은 언제나 질문과 함께 출발해. 세상을 둘러보다가 누군가 "저건 왜 그래요?" 하고 질문하면 바로 그 순간 수업이 시작되는 거지. 이제부터 용선생의 시끌벅적 과학교실을 제대로 즐기는 방법을 하나씩 알려 줄게.

첫째, 과학반 친구들과 함께 호기심을 갖고 질문해 봐. 과학을 어렵게만 생각하지 말고, 매 교시마다 아이들이 어떤 호기심을 가지는지 관심을 가져 봐. 과학반 친구들과 함께 '왜 그럴까?', '어떻게 알아낼 수 있을까?' 고민하다 보면 어렵던 과학도 쉽게 느껴질 거야.

둘째, 어려운 내용은 사진과 그림으로 이해해 봐. 어려운 과학 개념과 원리를 한 장의 사진이나 그림을 통해 단숨에 이해할 수도 있어. 그래서 너희를 위해 사진과 그림을 많이 준비했단다. 글을 읽다가 어렵다 싶으면 옆에 있는 사진과 그림을 봐. 잘 이해되지 않던 내용이 틀림없이 술술 이해될 거야.

셋째, 배운 내용을 되새기며 머릿속에 정리해 봐. 왁자지껄한 수업을 마치고 나면 뭘 배웠는지 정리가 안 될 때도 있을 거야. 그럴 때를 대비해 중간중간 핵심 정리를 준비했어. 또 배운 내용을 4컷 만화로 재미있게 요약해 두었지. 게다가 교시가 끝날 때마다 나선애의 정리노트도 마련했단다. 이 정도면 학습 정리는 문제없겠지?

과학은 분야도 다양하고 배울 내용도 아주 많아. 쉽게 이해할 수 있는 부분도 있지만, 여러 번 곰곰이 생각해 봐야 알 수 있는 부분도 있지. 이 책을 여러 번 다시 읽다 보면 구석구석 빠짐없이 모두 이해될 거야.

자, 이제 용선생의 시끌벅적 과학교실을 제대로 즐길 준비가 됐겠지? 그럼 신나는 수업을 시작해 볼까?

차례 | 소화와 배설

1교시 | 영양소

햄버거는 과연 몸에 안 좋을까?

우리 몸은 무엇으로 에너지를 낼까? … 12
우리 몸은 무엇으로 이루어져 있을까? … 16
햄버거를 먹을까, 말까? … 20

나선애의 정리 노트 … 26
과학퀴즈 달인을 찾아라! … 27
용선생의 과학 카페 … 28
 - 괴혈병과 각기병을 치료한 영양소는?

교과연계
초 6-2 우리 몸의 구조와 기능
중 2 동물과 에너지

3교시 | 위

위는 왜 주머니처럼 생겼을까?

꿀꺽 삼킨 음식물은 어디로 갈까? … 52
어떻게 그렇게 많이 먹을까? … 56
음식물은 왜 아래로만 내려갈까? … 60

나선애의 정리 노트 … 62
과학퀴즈 달인을 찾아라! … 63

교과연계
초 6-2 우리 몸의 구조와 기능
중 2 동물과 에너지

2교시 | 입

왜 꼭꼭 씹어야 소화가 잘될까?

음식물을 얼마나 쪼개야 할까? … 33
이의 모양은 왜 다양할까? … 36
침은 어떻게 음식물을 분해할까? … 38
입안의 소화 삼총사 … 43

나선애의 정리 노트 … 46
과학퀴즈 달인을 찾아라! … 47
용선생의 과학 카페 … 48
 - 더러운 침? 고마운 침!

교과연계
초 6-2 우리 몸의 구조와 기능
중 2 동물과 에너지

4교시 | 작은창자

작은창자는 왜 이렇게 길까?

작은창자에서 소화되는 영양소는? … 66
작은창자 속에 난 털의 정체 … 71
기다란 작은창자가 어떻게 뱃속에? … 77

나선애의 정리 노트 … 80
과학퀴즈 달인을 찾아라! … 81

교과연계
초 6-2 우리 몸의 구조와 기능 |
중 2 동물과 에너지

6교시 | 배설

오줌은 왜 생길까?

똥 누는 게 배설이 아니라고? … 100
오줌은 하루에 얼마나 생길까? … 103
피부에서도 배설이 일어난다고? … 106

나선애의 정리 노트 … 110
과학퀴즈 달인을 찾아라! … 111
용선생의 과학 카페 … 112
　- 똥과 오줌의 몸속 탈출 이야기

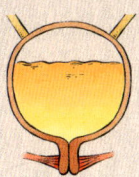

교과연계
초 6-2 우리 몸의 구조와 기능 |
중 2 동물과 에너지

5교시 | 큰창자

큰창자는 어떻게 똥을 만들까?

큰창자에서는 무엇이 만들어질까? … 85
방귀 냄새가 독한 까닭 … 88
방귀를 참으면 어떻게 될까? … 90

나선애의 정리 노트 … 94
과학퀴즈 달인을 찾아라! … 95
용선생의 과학 카페 … 96
　- 우리 몸을 통과하는 터널

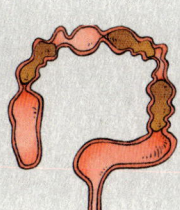

교과연계
초 6-2 우리 몸의 구조와 기능 |
중 2 동물과 에너지

가로세로 퀴즈 … 114
교과서 속으로 … 116

찾아보기 … 118
퀴즈 정답 … 119

등장인물

용쓴다 용써!
용선생

- 체력 ★★★
- 지력 ★★★★★
- 감성 ★★★
- 호기심 ★★★★★
- 유머 ★★

열정이 가득한 과학 선생님. 하늘을 향해 거침없이 솟은 머리카락과 삐죽삐죽한 수염이 매력 포인트. 생생한 과학 수업을 하기 위해 물불을 가리지 않는다.

장하다 장해!
장하다

- 체력 ★★★★★
- 지력 ★
- 감성 ★★★★
- 호기심 ★★★★★
- 유머 ★★★★

'튼튼하게만 자라 다오.'라는 아버지의 소원대로 튼튼하게 자랐다. 성격은 일등, 성적은 비밀이다. 시험을 못 봐도 씩씩하고 엉뚱한 질문으로 수업에 활력을 준다.

오늘도 나선다!
나선애

- 체력 ★★★★
- 지력 ★★★★
- 감성 ★★★
- 호기심 ★★★★★
- 유머 ★★★

과학자를 꿈꾸는 우등생. 공부도 잘하고 아는 게 많아서 모든 일에 앞장서는 타입이다. 겉으로는 차가워 보이지만 내심 따뜻한 면도 가지고 있다. 전혀 티가 안 나서 그렇지.

잘난 척 대장
왕수재

- 체력 ★★★
- 지력 ★★★★
- 감성 ★
- 호기심 ★★★★★
- 유머 ★

세상에서 자기가 제일 잘난 줄 안다. '천재는 외로운 법이고 질투의 대상인 법'이라나. 친구들에게 깐족거리는 데에도 천재적이다. 그래도 수업에는 늘 적극적으로 참여한다.

낭만 가득
허영심

- 체력 ★★★★
- 지력 ★★★
- 감성 ★★★★
- 호기심 ★★★★★
- 유머 ★★

감성이 풍부해도 너무 풍부하다. 떨어지는 낙엽이나 밤하늘의 별을 보며 눈물짓고, 조그만 벌레와 대화를 나누는 사차원 성격. 하지만 누구보다 정이 많고 낭만적이다.

과학반 귀염둥이
곽두기

- 체력 ★★★
- 지력 ★★★★
- 감성 ★★★★
- 호기심 ★★★★★
- 유머 ★★★★

형과 누나들의 귀여움을 독차지하는 과학반 막내. 나이도 가장 어리고 타고난 동안이라 언뜻 보면 유치원생 같다. 훈장 할아버지 덕에 어려운 단어를 줄줄 꿰고 있다.

우리를 찾아봐!

햄버거
다양한 영양소가 담긴 음식이야. 하지만 여러 가지 단점도 있어.

이
입에서 음식물을 기계적으로 분해해. 앞니, 송곳니, 어금니가 있어.

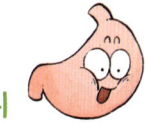

위
주머니처럼 생긴 소화 기관으로, 단백질을 분해해.

작은창자
기다란 통로처럼 생긴 소화 기관이야. 단백질, 탄수화물, 지방 모두를 분해하고, 영양소를 흡수해.

큰창자
굵은 통로처럼 생긴 소화 기관으로, 음식물 찌꺼기에서 물을 흡수하고 똥을 만들어.

콩팥
몸속에서 생긴 노폐물을 걸러 오줌을 만들어.

1교시 | 영양소

햄버거는 과연 몸에 안 좋을까?

"선생님! 몸에 좋은 음식과 좋지 않은 음식을 어떻게 구분해요?"

장하다가 씩씩거리며 용선생에게 물었다.

"그건 갑자기 왜?"

"제가 햄버거를 정말 좋아하는데요, 엄마가 햄버거 몸에 안 좋다고 먹지 말래요!"

"맞아요! 우리 엄마도 햄버거 사 달라고 하면 맨날 다른 거 먹으래요. 선생님, 햄버거의 진실을 알려 주세요!"

 우리 몸은 무엇으로 에너지를 낼까?

용선생이 입맛을 다시며 말했다.

"쩝, 사실은 나도 햄버거를 무척 좋아하긴 해."

"정말요, 선생님?"

"역시 선생님은 우리 편이라니까!"

"하하, 햄버거의 진실을 파헤치기 위해 햄버거에 어떤 영양소가 들어 있는지 먼저 알아보자."

"영양소? 그게 뭐예요?"

"영양소는 우리 몸을 구성하고, 생명 활동을 하기 위해 에너지를 내는 데 쓰이는 물질이야. 우리는 음식을 먹어 영양소를 얻지."

"생명 활동은 또 뭔데요?"

"생명 활동이란 몸속 기관들이 생명을 유지하기 위해 움직이는 걸 말해. 뇌, 심장, 폐, 위, 창자 같은 몸속 기관들이 쉬지 않고 일하는 덕에 우리가 숨을 쉬고, 체온을 일정하게 유지하며 살아가지."

> **나선애의 과학 사전**
>
> **기관** 생물의 몸에서 일정한 형태를 이루며 정해진 일을 담당하는 부분을 말해. 우리 몸에서 호흡을 담당하는 기관은 호흡 기관, 소화를 담당하는 기관은 소화 기관이라 부르지.
>
> **체온** 몸 체(體) 따뜻할 온(溫). 몸속의 온도를 말해. 건강한 사람의 체온은 보통 36°C(도씨)에서 38°C 사이야.

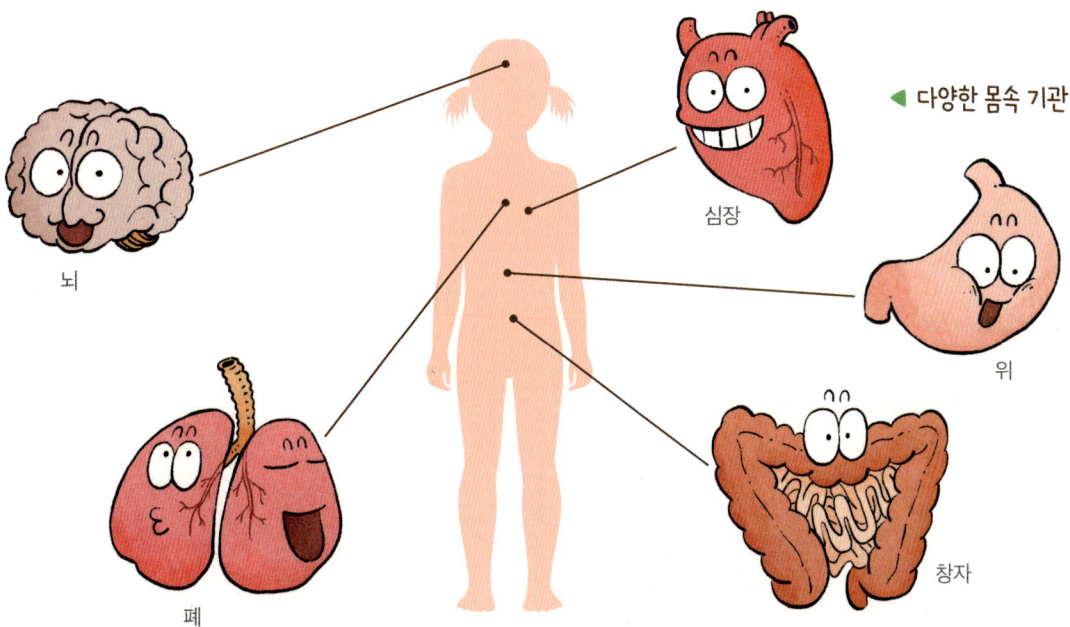

◀ 다양한 몸속 기관

뇌 / 심장 / 위 / 폐 / 창자

"숨 쉬는 것도 저절로 되는 게 아니군요."

"맞아. 몸속 기관들이 쉴 새 없이 일하려면 에너지가 필요해. 에너지는 활동을 하기 위해 필요한 능력이지. 에너지를 내려면 음식을 먹어서 영양소를 얻어야 하는데, 혹시 3대 영양소라고 들어 봤니?"

"3대 영양소요? 세 가지 영양소란 말인가요?"

"맞아. 바로 단백질, 탄수화물, 지방을 가리키는 말이야. 이 세 가지는 우리 몸에서 에너지를 내는 대표적인 영양소란다. 말하자면 우리 몸의 연료인 셈이지."

"지방 들어 봤어요! 사람들이 맨날 살 빼려면 지방을 없애야 한다고 하던데, 그게 그 지방이에요?"

"맞아! 지방은 사실 우리 몸에 꼭 필요한 영양소라고."

"그런데 왜 사람들은 지방을 없애려고 해요?"

"하하, 3대 영양소에 대해 차근차근 배우며 그 이유를 알아보자. 먼저 단백질은 소고기, 돼지고기, 닭고기 같은 고기와 생선에 많아. 또, 달걀, 우유, 치즈에도 많지."

> **나선애의 과학 사전**
>
> **연료** 에너지를 내는 데 쓰이는 물질을 말해. 연료가 없으면 에너지를 낼 수 없어. 자동차의 연료는 기름이고, 우리 몸의 연료는 음식에 들어 있는 영양소이지.

▼ 단백질이 많은 음식

"햄버거에 고기나 햄, 치즈가 들어 있으니까 거기에 단백질이 있겠네요? 햄도 고기로 만드니까요."

"맞아. 그럼 탄수화물은 어느 재료에 있을까? 힌트를 주자면, 탄수화물은 우리가 먹는 쌀이나 밀 같은 곡식에 많아. 밀은 빻아서 밀가루로 만들어 음식 재료로 사용하지."

"저 알겠어요! 햄버거 빵에 탄수화물이 들어 있어요. 왜냐하면 빵은 밀가루로 만들거든요. TV 요리 프로그램에서 봤는데, 밀가루를 반죽해서 오븐에 넣어 구우니까 빵이 됐어요. 제 말이 맞죠?"

"정답! 두기 정말 똑똑한데?"

"그러면 지방은요? 햄버거에 지방도 들어 있어요?"

"물론이야. 지방은 주로 기름에 많아. 참깨에서 짜낸 참기름, 콩에서 짜낸 콩기름 같은 기름 말이지. 그래서 기름에 굽거나 튀긴 음식에 지방이 많단다. 대표적으로 햄버거 패티나, 햄버거와 곁들여 먹는 감자튀김이 있지."

"감자튀김 엄청 맛있는데……."

> **용선생의 과학 현미경**
>
> 햄버거에 들어 있는 고기를 '패티'라고 해. 패티는 질긴 고기를 다지고 뭉쳐서 부드럽게 만든 것으로, 기름에 굽거나 튀겨서 요리해.
>
>

▼ 탄수화물이 많은 음식

▼ 지방이 많은 음식

"감자튀김 맛있지……. 아, 그리고 지방은 우유에도 많아. 그래서 우유로 만든 버터나 치즈에도 지방이 들어 있지. 또, 땅콩이나 아몬드 같은 견과류에도 지방이 많단다."

그러자 장하다가 혼자 중얼거렸다.

"그럼 햄버거는 3대 영양소가 다 들어 있는 음식인데 대체 왜 먹지 말라고 하는 거야?"

> 영양소는 우리 몸을 구성하거나 에너지를 내는 데 필요한 물질로, 음식을 먹어서 얻어. 에너지를 내는 3대 영양소로 단백질, 탄수화물, 지방이 있어.

 우리 몸은 무엇으로 이루어져 있을까?

"에너지를 내는 3대 영양소 외에 물과 무기 염류, 비타민도 우리 몸에 꼭 필요해. 비록 이것들은 에너지를 내지는 못하지만 말이야."

"에너지를 못 내는 영양소가 왜 필요해요?"

"생명 활동을 정상적으로 하는 데 필요하거든. 우리 몸이 숨을 쉬고, 먹은 것을 소화하고, 온몸에 피가 흐르게

하고, 병균을 물리칠 때, 물과 무기 염류, 비타민이 조수 역할을 해. 말하자면 생명 활동을 보조하는 셈이지. 이러한 무기 염류나 비타민이 부족하면 질병에 걸릴 수 있어."

허영심이 조용히 손을 들고 말했다.

"선생님, 저는 물도 영양소인 줄은 몰랐어요."

"물은 우리 몸에서 아주 중요한 영양소야. 너희가 만약 무인도에 떨어진다면 식량보다 마실 물부터 찾아야 할걸?"

"왜요?"

"음식을 먹지 않아도 일주일 정도는 버틸 수 있지만, 물을 마시지 않으면 고작 3일 정도밖에 버틸 수 없거든."

"헉! 정말요? 물이 대체 뭘 하는데요?"

"우리 몸에 들어온 물 대부분은 혈액이 되어 몸속을 돌아다니며 산소와 영양소를 운반해. 만약 물이 부족하다면 몸속 기관들은 영양소를 잘 전달받지 못할 거야."

"몸속 기관들이 영양소를 전달받지 못하면 어떻게 되는데요?"

"그럼 에너지를 내지 못해 서서히 활동을 멈추겠지. 움직일 힘도 없어지고, 병에 걸릴 수도 있고 말이야. 그러다 보면……."

"그럴 일은 절대로 없어야겠네요!"

용선생의 과학 현미경

무기 염류는 우리 몸을 구성하기도 해. 뼈와 이를 구성하는 칼슘이나 인 같은 물질이 무기 염류야.

비타민이 부족하면 뼈가 구부러지는 구루병, 다리가 붓는 각기병 등의 병에 걸릴 수 있어.

물은 우리 몸에서 혈액과 침 등 여러 가지 액체 물질을 이루어. 몸에 물이 부족하면 목이 자주 마르고, 심하면 정신을 잃거나 죽을 수도 있어.

물이 이렇게 중요한 영양소였다니!

아이들이 갑자기 가방에서 물통을 꺼내 꿀꺽꿀꺽 물을 마셨다. 용선생이 그 모습을 보며 빙긋 웃었다.

"영양소는 우리 몸을 구성하기도 해. 우리 몸에서 어느 영양소가 제일 많은지 볼까?"

용선생이 화면에 그림을 띄웠다.

▶ 우리 몸을 구성하는 물질

곽두기가 자기 볼을 꼬집으며 외쳤다.

"헉, 내 몸에 물이 저렇게 많다니!"

"하하, 맞아. 물, 단백질, 지방, 무기 염류, 탄수화물 순으로 많지."

"단백질은 2등이네요?"

"맞아. 단백질도 우리 몸에 아주 많아. 피부나 근육, 머리카락이 단백질로 되어 있지. 그래서 너희처럼 한창 몸이

자라는 시기에는 단백질을 잘 챙겨 먹어야 한단다."

허영심이 그림을 자세히 살펴보며 물었다.

"그런데 탄수화물이 꼴찌네요? 우리가 제일 많이 먹는 게 밥이나 빵인데 왜 이렇게 적어요?"

"탄수화물은 대부분 에너지를 내는 데 쓰이고 없어져. 그래서 몸에 남아 있는 양이 아주 적지. 탄수화물은 에너지를 내야 할 때 바로바로 쓰기 가장 좋은 영양소거든."

"그럼 탄수화물이 아주 많아서 에너지를 내는 데 쓰고도 많이 남으면 어떻게 돼요?"

"쓰고 남은 탄수화물은 지방으로 바뀌어서 우리 몸에 저장돼."

"탄수화물이 지방으로 바뀐다고요?"

"응. 지방은 우리 몸에 저장하기 좋은 영양소거든. 그래서 단백질 다음으로 많은 거야."

그러자 왕수재가 날카로운 표정으로 물었다.

"선생님, 그럼 지방은 어떤 역할을 해요?"

핵심정리

우리 몸이 생명을 잘 유지하려면 3대 영양소 외에도 물, 무기 염류, 비타민이 필요해. 물과 무기 염류는 우리 몸을 구성하기도 해.

 햄버거를 먹을까, 말까?

"지방도 에너지를 내는 데 쓰여. 그런데 좀 전에 말했듯이 지방은 탄수화물과 다르게 우리 몸에 저장이 더 잘돼."

"왜요?"

"지방은 같은 양의 탄수화물이나 단백질보다 에너지를 두 배 이상 많이 내. 다시 말해 적은 양으로도 많은 에너지를 낼 수 있는 영양소야. 그래서 우리 몸은 쓰고 남은 탄수화물을 지방으로 바꿔 저장하지."

"왜 몸에 영양소를 저장해요?"

"비상 상황에 대비해야지. 혹시라도 음식을 오랫동안 못 먹을 수도 있잖아. 너희도 지내다 보면 용돈이 떨어질 때가 있지 않니?"

"맞아요!"

"그럴 때를 대비해 저축하는 거지. 평소에 저축을 해 두면 용돈이 부족할 때 꺼내 쓸 수 있으니까 말이야."

"아하! 지방을 몸에 저축해 두는 거군요?"

"그렇지!"

"그러면 탄수화물 말고 단백질도 쓰고 남으면 지방으로 저장돼요?"

"응. 영양소를 이루는 알갱이들을 다시 조립하면 단백질과 탄수화물, 지방이 서로 바뀔 수 있어."

"그럼 지방은 몸속 어디에 저장돼요?"

"주로 피부 아래나 몸속 기관 주변에 저장돼. 특히 주변에 뼈가 없는 배에 많이 저장되지."

"지방이 배에 많이 저장된다고요? 혹시 살이 찌면 배가 나오는 게 지방과 관련이 있나요?"

"맞아! 거기까지 생각하다니 대단한걸? 음식을 많이 먹기만 하고 운동하지 않으면 지방이 쌓여서 살이 찌고 배가 나오는 거야."

그러자 장하다가 자기 배를 두드리며 말했다.

"지방아, 난 굶을 일 없을 거야. 내 배에 저장되지 마."

알갱이들을 어떻게 조립하느냐에 따라 영양소의 종류가 달라지지!

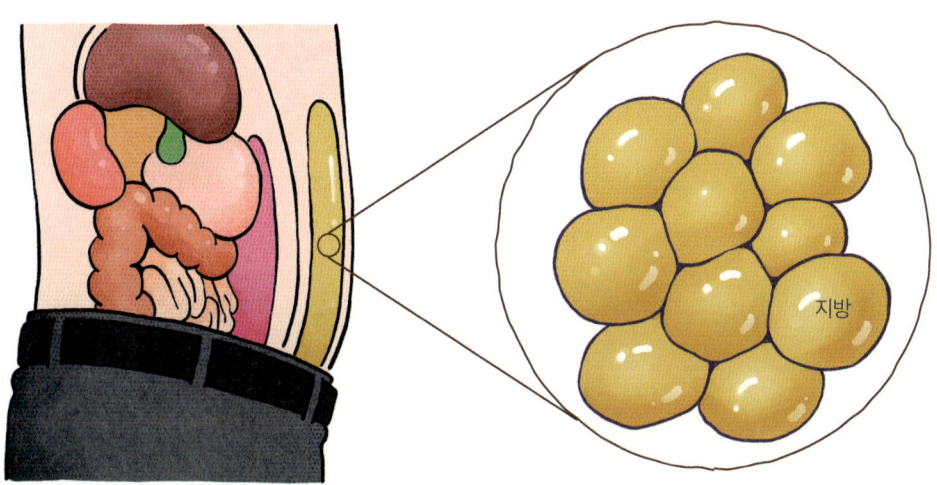

▲ **우리 몸속의 지방** 우리 몸을 감싸는 피부 밑에 지방층이 있어.

용선생이 장하다의 머리를 쓰다듬으며 말했다.

"그럴 거 없어. 지방이 저장되는 게 무조건 나쁜 일은 아니야. 몸속에 저장된 지방은 비상시에 에너지를 내는 것 말고도 아주 중요한 역할을 하거든."

"무슨 역할이요?"

"지방은 몸속 기관을 보호해. 특히 배에는 간과 위, 작은창자와 큰창자, 콩팥 등 중요한 기관이 많은데 이들을 보호하는 뼈가 없거든. 그래서 지방이 이 기관들을 감싸고 보호한단다."

"와우! 지방이 몸속 기관들의 지킴이였군요?"

"하하, 그렇지. 게다가 지방은 몸속의 열이 밖으로 빠져나가는 걸 막아 줘. 그럼 추운 날씨에 우리 몸의 체온을 일정하게 유지하는 데 도움이 되지."

"듣고 보니 배에 지방이 적당히 있어야겠네요."

"그럼! 그밖에도 지방은 우리 몸에 필요한 여러 가지 물질을 만드는 데에도 쓰여. 그러니 지방이 들어 있는 음식도 꼭 챙겨 먹어야 한다고."

그러자 장하다가 의심스러운 표정으로 물었다.

"선생님, 그래서 결론이 뭔가요? 햄버거는 좋은 음식이에요, 나쁜 음식이에요?"

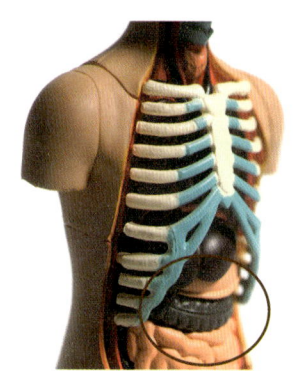

▲ 배 부분에는 몸속 기관들을 감싸는 뼈가 없어서 지방이 몸속 기관들을 감싸 보호해.

용선생이 말없이 고민하는 표정을 짓자 아이들이 조바심을 내며 재촉했다.

"선생님, 얼른 대답해 주세요!"

"글쎄……. 한마디로 결론을 내긴 어려운데."

"그냥 있는 그대로 얘기해 주시면 되잖아요!"

"햄버거 자체는 단백질, 탄수화물, 지방, 물, 무기 염류, 비타민 등 우리 몸에 필요한 여섯 가지 영양소가 모두 들어 있는 괜찮은 음식이야."

"이야호!"

"하지만 햄버거 재료에는 지방이 너무 많아서, 햄버거를 자주 먹으면 우리 몸속에 영양소가 너무 많이 남아. 아까 말했듯 패티는 주로 기름에 굽거나 튀겨서 요리하고, 마요네즈 같은 소스도 기름으로 만들기 때문에 지방이 많이 들어 있거든."

▼ 햄버거에 든 영양소

치즈 단백질, 지방
소스 지방
빵 탄수화물
패티 단백질, 지방
채소 물, 무기 염류, 비타민

"지방이 많다는 게 제일 큰 문제군요."

"맞아. 그런 햄버거를 계속 먹으면 어떻게 될까?

"몸속에 남는 영양소가 계속 지방으로 저장되겠죠. 그러면 배가 나오고……."

"맞아. 햄버거만 계속 먹는다면 나중에 비만이 될 수 있어. 비만이 건강에 좋지 않다는 건 다들 알지?"

"선생님, 그러면 햄버거를 매일 먹는 대신 운동을 많이 하면 되잖아요. 에너지를 많이 쓰면 햄버거만 먹어도 되는 거 아니에요?"

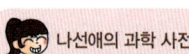

나선애의 과학 사전

인공 첨가물 음식 맛을 좋게 만드는 화학 물질이나, 음식을 오랫동안 썩지 않게 하는 방부제 등 인공적인 물질을 말해.

용선생의 과학 현미경

주로 소금에 포함되어 있는 나트륨은 맵거나 짠 음식에 많이 들어 있어. 나트륨을 너무 많이 섭취하면 몸이 붓고 쉽게 피로해져.

"운동을 열심히 하는 건 좋지만, 그래도 햄버거만 먹는 건 좋지 않아."

"왜요?"

"햄버거에는 우리 몸에 안 좋은 인공 첨가물도 많이 들어 있거든. 게다가 햄버거에는 나트륨이 너무 많이 들어 있다는 단점도 있지."

"나트륨? 그게 뭐예요?"

"나트륨은 무기 염류 중 하나로, 우리 몸에 꼭 필요한 영양소야. 하지만 오랫동안 너무 많이 먹으면 오히려 몸에 해로울 수 있어."

장하다가 화가 잔뜩 난 표정으로 투덜댔다.

"아니, 도대체 햄버거를 먹어야 하는 거예요, 먹지 말아야 하는 거예요? 저는 햄버거를 먹고 싶다고요!"

그 모습을 보고 용선생이 껄껄 웃으며 말했다.

"하하, 좋은 방법이 있어. 패티 대신 생고기를 적은 양의 기름에 구워 쓰는 거야. 소스도 조금만 넣고 말이지. 좋은 재료를 쓰고 요리하는 방법을 조금만 바꾸면 충분히 건강한 햄버거를 먹을 수 있다고."

그러자 장하다의 표정이 금세 다시 밝아졌다.

"역시 선생님 최고!"

핵심정리

몸속에 저장된 지방은 몸속 기관을 보호하고 추운 날씨에도 체온을 일정하게 유지하는 데 도움이 돼. 햄버거에는 다양한 영양소가 모두 들어 있어. 하지만 지방이나 인공 첨가물이 많아서 햄버거를 오랫동안 너무 자주 먹으면 건강을 해칠 수 있어.

나선애의 정리노트

1. 영양소의 정의
① 우리 몸을 구성하고 @ⓐ 를 내는 데 쓰이는 물질로, 음식을 먹어서 얻음.

2. 3대 영양소
① ⓑ : 고기와 생선, 달걀, 우유, 치즈 등에 많음.
② 탄수화물: 쌀이나 밀 같은 곡식에 많음.
③ 지방: 기름과 우유, 견과류에 많음.

3. 각 영양소의 특징과 역할
① 단백질: 피부나 머리카락 등 몸을 구성하며, 에너지를 내는 데 쓰이기도 함.
② ⓒ : 대부분 에너지를 내는 데 쓰임.
③ 지방: 몸에 저장되었다가 영양소가 부족할 때 에너지를 내는 데 쓰임. 또, 몸속 기관을 보호하고 몸속의 열이 빠져나가는 것을 막아서 추운 날씨에도 ⓓ 을 일정하게 유지하는 데 도움이 됨.
④ ⓔ , 무기 염류, 비타민: 에너지를 내지는 못하지만 몸을 구성하거나 생명 활동을 정상적으로 할 수 있게 보조함.

ⓐ 에너지 ⓑ 단백질 ⓒ 탄수화물 ⓓ 체온 ⓔ 물

과학퀴즈 달인을 찾아라!

●정답은 119쪽에

01

친구들이 이번 시간에 배운 내용에 대해 이야기하고 있어. 옳으면 O, 옳지 않으면 X를 표시해 줘.

① 물과 비타민은 몸에서 에너지를 내는 영양소야. (　　)
② 탄수화물은 몸에서 에너지를 내는 데 가장 많이 쓰여. (　　)
③ 지방이 들어 있는 음식은 먹지 않아야 해. (　　)

02

곽두기가 어두운 동굴 속을 빠져나가고 있어. 단백질이 많이 든 음식을 따라가면 출구를 찾을 수 있대. 두기가 무사히 동굴을 빠져나갈 수 있게 도와줘.

| 용선생의 과학 카페 | 용선생의 한국사 카페 | 용선생의 세계사 카페 |

https://cafe.naver.com/yongyong

용선생의 과학 카페

과학계의 핵인싸,
용선생의 과학 카페에
오신 걸 환영합니다.

[Log in]

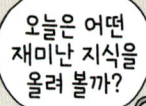

오늘은 어떤 재미난 지식을 올려 볼까?

MENU

물리면 아프다
화학이 화하하
생물 오징어
지구는 둥글다

괴혈병과 각기병을 치료한 영양소는?

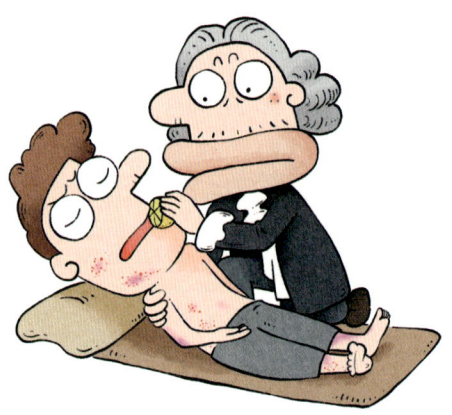

1700년대에는 많은 사람이 새로운 대륙을 찾아 바다로 항해를 떠나곤 했어. 그런데 배에 탄 선원 중 절반 이상이 잇몸과 몸속 기관에서 피가 나는 괴혈병으로 죽는 경우가 많았지. 영국 해군에서 의사로 일하던 제임스 린드는 괴혈병 환자들에게 사과, 식초, 소금물, 레몬, 오렌지 등의 음식을 먹였는데, 오렌지와 레몬을 먹은 환자들만 병이 나았어. 이러한 발견 덕에 수많은 사람이 목숨을 구했지. 대체 레몬이나 오렌지 같은 과일에 무엇이 들어 있길래 괴혈병을 낫게 한 걸까?

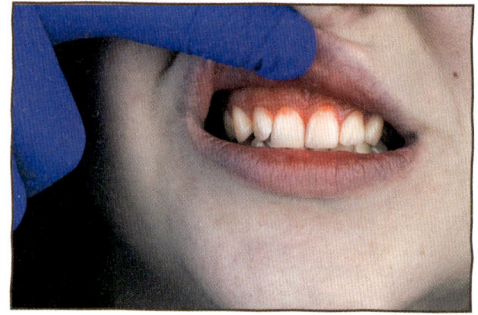

▲ **괴혈병의 증상** 괴혈병에 걸리면 잇몸에서 피가 나고, 심하면 몸속 기관에서도 피가 나면서 피부에 붉은 반점이 생겨.

이전까지 과학자들은 우리 몸에 필요한 영양소가 단백질, 탄수화물, 지방, 물, 무기 염류뿐인 줄 알았어. 그런데 1900년대에 네덜란드의 과학자 에이크만이 다리가 붓거나 마비가 되는 각기병을 연구하다가 우리 몸에 필요한 또 다른 영양소가 있다는 것을 발견했어. 그는 이 영양소에 '비타민'이란 이름을 붙였고, 비타민을 발견한 공로로 노벨상을 받았지.

괴혈병은 비타민 C(시)가 부족할 때 걸려. 비타민 C는 신선한 야채와 과일에 많이 들어 있는데, 특히 제임스 린드가 환자에게 먹였던 레몬과 오렌지 같은 과일에 많아. 또, 각기병은 비타민 B_1(비원)이 부족할 때 걸리는데, 이 영양소는 주로 돼지고기, 콩, 곡식에 많이 들어 있어. 3대 영양소와 물, 무기 염류뿐 아니라 비타민도 우리 몸에 꼭 필요한 영양소라는 것 잊지 마!

▶ 비타민 C가 많은 식품

▶ 비타민 B_1이 많은 식품

+

장하다의 오답을 피하는 방법

나선애의 야무진 실험실

왕수재의 아는 척 과학교실

허영심의 별 헤는 밤

곽두기의 빅뱅 따라잡기

COMMENTS

 비타민이 부족하면 죽을 수도 있다니, 무섭다.

ㄴ 비타민을 꼭 먹어야 하는 까닭을 이제 잘 알겠지?

ㄴ 네! 이제부터 과일과 채소도 많이 먹을래요!

꼭꼭 씹어서 먹어!

"끄윽! 점심을 너무 많이 먹었나? 소화가 안 되네."

장하다가 연거푸 트림을 해 대자 아이들이 장하다를 피해 앉았다. 허영심이 장하다에게 핀잔을 주었다.

"그렇게 급하게 먹으니 그렇지. 옆에서 보니 거의 씹지도 않고 삼키더라."

"오랜만에 좋아하는 반찬이 나와서 많이 먹으려고 그런 거지."

장하다가 입을 삐죽거리며 대꾸했다. 그때 용선생이 과학실로 들어오며 말했다.

"음식을 덜 씹고 빨리 삼키면 소화가 잘 안 돼. 앞으로는 천천히 꼭꼭 씹어서 먹으렴."

"음식을 덜 씹으면 왜 소화가 잘 안 돼요?"

# 음식물을 얼마나 쪼개야 할까?

"덜 씹으면 음식이 덜 쪼개져서 소화가 안 되는 거야. 소화는 우리 몸에 들어온 음식물의 크기를 작게 쪼개는 일이거든."

"소화가 음식물을 작게 쪼개는 일이라고요?"

"맞아. 우리가 먹은 음식은 소화를 거치며 충분히 작아진 뒤에 몸속으로 쏘옥 흡수돼. 그래야 에너지를 내는 데 쓰일 수 있거든."

아이들의 눈이 동그래졌다. 곽두기가 중얼거렸다.

"엥? 소화는 음식을 먹고 뱃속에서 똥이 되는 거 아니었어요?"

"하하, 그 말도 맞다만 소화의 핵심은 음식물을 아주 작게 분해하는 거란다. 우리 몸을 구성하는 가장 작은 단위인 세포들이 흡수할 수 있을 정도로 말이야."

"음식물을 분해한다고요?"

"응. 우리 몸의 세포는 음식물이 아주 작게 분해되어야만 영양소를 흡수할 수 있거든."

"얼마나 작게 분해하는데요?"

"세포는 대부분 0.01 mm(밀리미터) 정도 크기야. 정말 작지?

 곽두기의 낱말 사전

분해 어떤 물체가 쪼개지고 나뉘는 것을 말해.

 장하다의 상식 사전

mm(밀리미터) 길이를 표시하는 단위로, 1mm는 1cm를 10개로 똑같이 나눈 길이야.

게다가 세포들은 겉 부분에 있는 작은 구멍들을 통해 영양소를 흡수하기 때문에, 영양소는 그 구멍보다도 작아져야 하지."

그러자 왕수재가 놀라서 말했다.

"세포의 크기가 0.01mm인데 그보다 더 작게 만들어야 한다고요? 그런 일을 어떻게 해요?"

그러자 용선생이 의미심장한 미소를 띠며 말했다.

"그런 일을 하는 기관들이 우리 몸속에 있어. 바로 소화 기관들이지!

"소화 기관들이라면, 소화 기관이 여러 개예요?"

"맞아. 소화 기관으로는 입과 식도, 위, 간, 쓸개, 이자, 작은창자, 큰창자, 항문이 있어. 이 중 입과 식도, 위, 작은창자, 큰창자는 음식물이 통과하며 직접 소화가 이루어지는 기관이고, 항문은 찌꺼기를 내보내는 기관이야. 또, 간과 쓸개, 이자는 소화하는 데 필요한 물질을 만들어 보내 주며 소화를 돕는 기관이지."

"직접 소화하는 기관과 소화를 돕는 기관이 있군요."

"맞아, 소화 기관에서 음식물을 분해해 조그만 영양소로 만들면, 세포들이 이 영양소를 흡수해서 에너지를 내기도 하고 우리 몸에 필요한 여러 가지 물질로 바꾸기도 하지.

 용선생의 과학 현미경

생물의 몸속 기관을 통틀어 장(臟)이라고 해. 한자어로 위는 위장, 간은 간장, 이자는 이장 또는 췌장이라고 불러. 쓸개는 간에 딸려 있는 기관이라서 장 자를 붙이지 않고 담낭이라고 해.
또, 소화 기관 중 작은창자와 큰창자를 통틀어 장(腸)이라고 하는데, 작은창자는 작을 소(小) 창자 장(腸) 자를 써서 소장, 큰창자는 큰 대(大) 창자 장(腸) 자를 써서 대장이라고 불러.

말하자면 음식물을 분해해서 작은 조각으로 만든 뒤 우리 몸에 필요한 물질로 다시 조립하는 거야."

"듣고 보니 어릴 때 가지고 놀던 블록이 생각나요. 조립하고 해체하고 또 다른 모양으로 조립하고······."

"하하, 그러네. 우리 몸속의 세포와 기관들도 블록 놀이를 하는 셈이지."

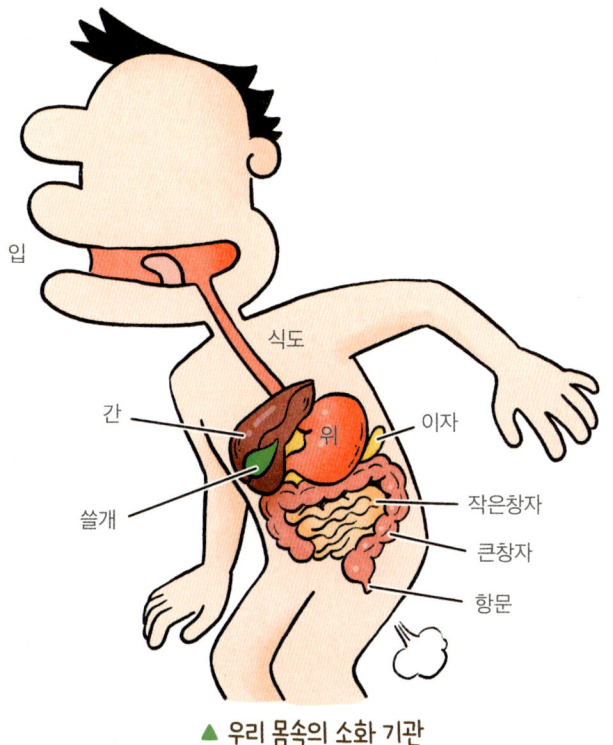

▲ 우리 몸속의 소화 기관

 **핵심정리**

우리가 먹은 음식물은 몸속 세포에서 흡수할 수 있을 만큼 작은 크기의 영양소로 분해되는데, 이러한 과정을 소화라고 해. 소화를 담당하는 몸속 기관들을 통틀어 소화 기관이라고 하지.

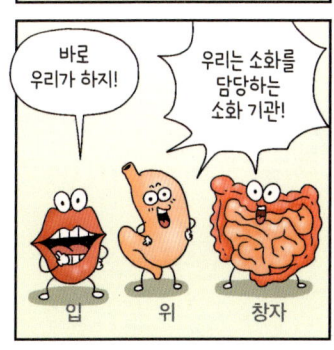

 이의 모양은 왜 다양할까?

"그럼 본격적으로 우리 몸의 소화 과정을 알려 주세요!"

"좋아! 음식을 무엇으로 씹지?"

"당연히 이로 씹죠."

"맞아. 이는 입으로 들어온 음식물을 씹어서 분해해. 입은 음식물이 분해되기 시작하는 첫 번째 소화 기관이지."

"그 정도는 이미 알고 있어요."

"하하, 그렇구나. 이는 크게 세 종류야. 입의 앞쪽에 난 크고 납작한 앞니, 앞니 양쪽 옆에 난 뾰족한 송곳니, 그리고 입 안쪽에 난 뭉툭한 어금니지."

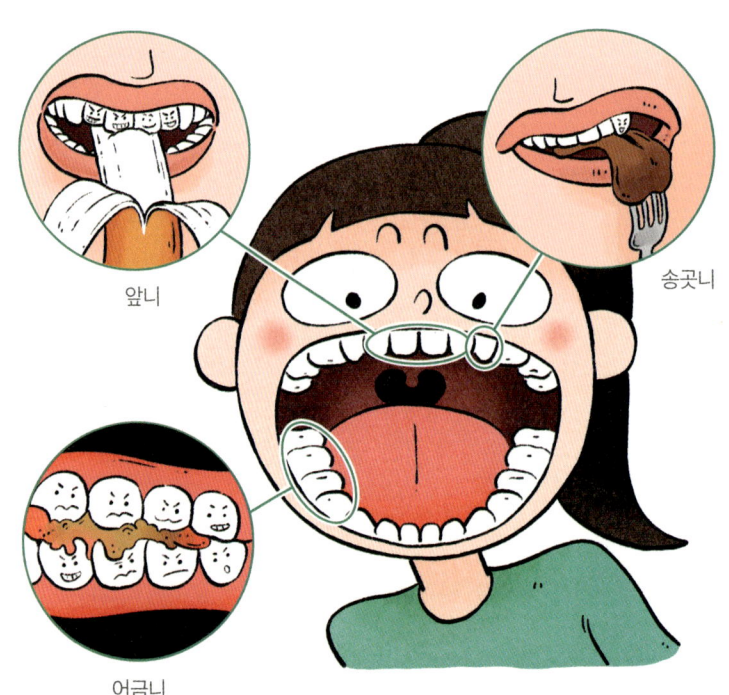

▶ 사람의 이

"왜 이의 모양이 다 달라요?"

"음식물을 분해할 때 저마다 하는 역할이 다르거든. 납작한 앞니는 음식을 입안에 들어갈 수 있는 크기로 자르고, 뾰족한 송곳니는 고기같이 질긴 음식을 뜯어내."

"그럼 어금니는요?"

"어금니는 넓고 울퉁불퉁한 표면으로 음식을 으깨. 마치 맷돌이 콩을 갈아서 콩가루로 만들듯이 말이야."

"생각해 보니 어금니 모양이 맷돌이랑 비슷해요."

"하하, 맞아. 이의 모양은 무엇을 주로 먹느냐에 따라 달라. 사람은 고기, 채소 등 다양한 음식을 먹기 때문에 이의 모양이 다양해. 하지만 고기를 주로 먹는 육식 동물, 식물을 주로 먹는 초식 동물은 이의 모양이 사람과 조금 달라."

"어떻게 달라요?"

"사자나 호랑이 같은 육식 동물은 주로 질긴 고기를 먹기 때문에 송곳니와 어금니가 날카롭게 발달했어. 하지만

 곽두기의 낱말 사전

표면 물체의 가장 바깥쪽을 말해. 겉면이라고도 하지.

▲ 맷돌

 곽두기의 낱말 사전

육식 동물 고기 육(肉) 먹을 식(食) 동물. 주로 다른 동물을 잡아먹는 동물을 말해.

초식 동물 풀 초(草) 먹을 식(食) 동물. 주로 식물을 먹는 동물을 말해.

▲ 육식 동물인 호랑이의 이

▲ 초식 동물인 소의 이

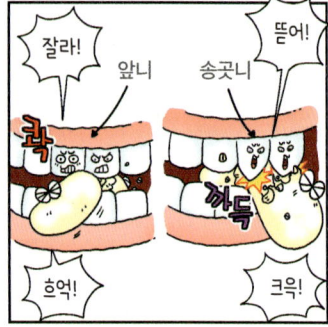

연한 식물을 뜯어 먹는 초식 동물은 뾰족한 송곳니가 없고 앞니와 어금니가 발달했지."

"우리는 고기도 먹고 식물도 먹으니까 앞니, 송곳니, 어금니가 모두 있는 거군요?"

"맞아! 사람은 육식과 초식을 모두 해서 다양한 모양의 이가 골고루 발달했어."

핵심정리

입은 우리 몸의 첫 번째 소화 기관이야. 입속에는 음식물을 씹어서 분해하는 이가 있어. 앞니는 음식물을 자르고, 송곳니는 질긴 음식물을 뜯고, 어금니는 음식물을 잘게 으깨.

침은 어떻게 음식물을 분해할까?

"선생님, 전 이가 튼튼해서 음식을 소화하는 데 아무 문제 없겠어요."

"꼭 그렇진 않아. 입속에서 이만 음식물을 분해하는 건 아니거든."

"그럼요?"

"맛있는 음식이 눈앞에 있으면 입안에 침이 고이지? 침도 음식물을 분해해."

"침도요?"

"응. 이가 음식물을 분해했다고 해도 아직 다음 소화 기관으로 넘어가기엔 음식물 크기가 너무 커. 그래서 입안에 있는 침샘에서 침이 나와 또 한 번 분해하는 거지."

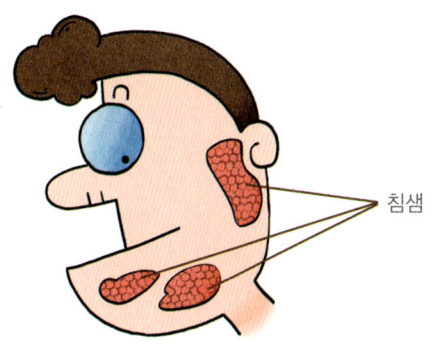

▲ **침샘** 입속에서 침이 나오는 곳을 침샘이라 해. 침샘은 귀 쪽과 턱 아래쪽, 혀 밑에 있어. 하루 동안 나오는 침을 모으면 큰 페트병 하나를 채울 수 있어.

"정말요? 침은 그냥 음식물을 끈적끈적하게 하는 줄만 알았는데……."

"침은 이처럼 음식물을 갈아서 부수는 게 아니라 녹여서 분해해. 음식물이 침과 섞이면 섞일수록 점점 걸쭉한 액체처럼 변하지 않니?"

"맞아요! 듣고 보니 그러네요."

용선생이 흠흠 하며 목소리를 가다듬고 말했다.

"침은 영양소 중에서 탄수화물의 한 종류인 녹말을 주로 분해해."

> **나선애의 과학 사전**
>
> **녹말** 식물이 몸속에 주로 저장하는 영양소로, 탄수화물의 한 종류야. '전분'이라고도 불러.

"녹말이 분해되면 뭐가 되는데요?"

그러자 용선생이 교탁 밑에서 포도가 담긴 접시를 내놓으며 말했다.

"녹말이 가장 작은 크기로 분해되면 마지막에 포도당이 돼. 침은 녹말을 포도당 바로 전 단계인 엿당으로 분해해."

> **나선애의 과학 사전**
>
> **포도당** 탄수화물을 구성하는 영양소야. 포도에 들어 있는 당분이라 해서 포도당이란 이름이 붙었어. 포도당 여러 개가 결합하면 다양한 탄수화물이 만들어지지.

탄수화물이 다 분해되면 포도당!

"우아, 포도당!"

장하다가 제일 먼저 달려들어 포도알을 따 먹었다.

"포도당은 우리 몸이 가장 좋아하는 영양소야. 모든 몸 속 기관이 에너지를 낼 때 포도당을 가장 먼저 이용하지. 게다가 머릿속에 있는 뇌는 특히 포도당을 주로 쓴단다."

"뇌는 포도당만 쓴다고요? 그럼 머리를 많이 쓰는 날엔 포도당이 많이 있어야겠네요."

"하하, 맞아. 녹말은 포도당 수백, 수천 개가 합쳐져 있는 큰 덩어리야. 침은 이것을 포도당 두 개로 된 엿당으로 쪼개. 엿당은 다른 소화 기관에서 포도당으로 분해되지."

"침이 녹말을 포도당으로 분해하진 못하네요."

"응. 그래도 수백, 수천 개씩 붙어 있는 덩어리를 두 개씩으로 쪼갠 게 어디니?"

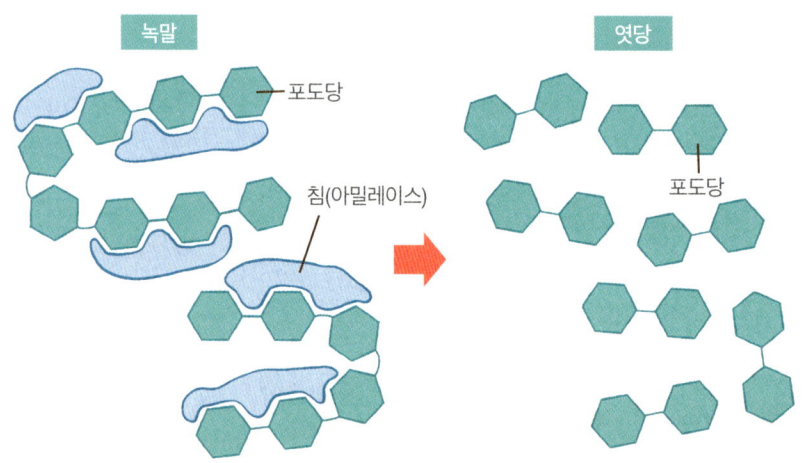

▲ **침의 소화 작용** 침에 들어 있는 아밀레이스라는 물질이 탄수화물의 한 종류인 녹말을 엿당으로 분해해. 엿당은 다른 소화 기관에서 포도당으로 분해돼.

"그렇긴 하네요. 그럼 처음부터 이 없이 침 혼자서 다 분해하면 되잖아요."

"침은 음식물의 크기가 작을수록 분해를 잘할 수 있어. 그래서 이가 먼저 어느 정도 부숴 줘야 해."

"왜 작을수록 분해를 잘해요?"

"알다시피 침은 끈적끈적한 액체라서 음식물 표면에 달라붙어서 분해해. 이때 침이 음식물과 닿는 표면이 넓을수록 분해가 잘되는데, 그러려면 음식물 덩어리의 크기가 작아야 해."

"표면이 넓어야 하는데 왜 덩어리가 작아야 해요?"

"그래야 전체적으로 침과 닿는 넓이가 크거든. 이 그림과 같은 원리로 말이야."

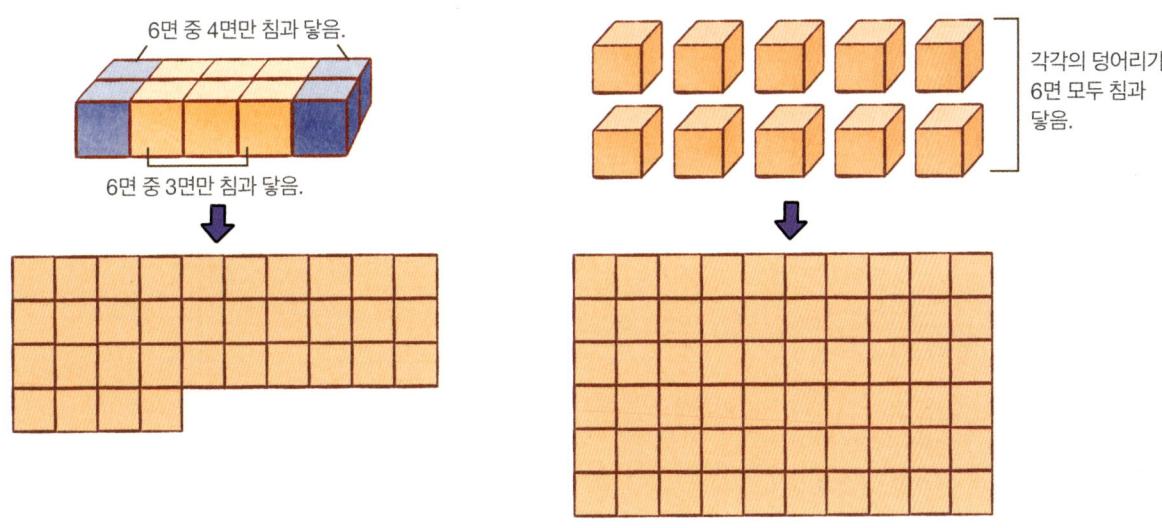

▲ **덩어리의 크기와 표면의 넓이** 같은 양의 음식물이 있을 때 큰 덩어리 하나로 된 경우보다 작은 덩어리 여러 개로 된 경우에 침과 닿는 표면이 더 넓어.

"정말 그러네요. 침이 분해를 잘하려면 이가 먼저 음식물을 잘게 쪼개야겠어요."

"그래서 음식을 꼭꼭 씹어야 소화가 잘되는 거구나."

"그렇지! 게다가 침에는 세균을 죽이는 물질도 있어. 침과 음식이 골고루 섞이면 소화도 잘되고 음식물에 있던 세균도 일부 없앨 수 있지."

"선생님, 입에서 이렇게 소화를 다 하면 다른 소화 기관들은 할 일이 별로 없겠는데요?"

"입에서는 음식물이 머무는 시간이 짧아서 일부만 소화돼. 게다가 침은 주로 녹말 같은 탄수화물을 분해하기 때문에 다른 기관에서 단백질이나 지방을 분해해야 하지."

"꼭 이어달리기에서 배턴을 넘기는 것 같네요."

"맞아! 그럴듯한 비유인걸."

그러자 곽두기가 고개를 갸웃하며 물었다.

"선생님, 근데 입속에는 혀도 있잖아요. 이와 침은 열심히 음식물을 분해하는데 혀는 아무 일도 안 하고 음식 맛만 보나요?"

 **핵심정리**

> 침은 이가 분해한 음식물을 더 작게 분해해. 이때 음식물 덩어리가 작을수록 침과 닿는 전체 표면이 넓어서 분해가 더 잘돼.

입안의 소화 삼총사

"아니. 혀도 소화를 위해 하는 일이 있단다."

"그게 뭔데요?"

"혀는 음식물과 침을 잘 섞어 줘. 마치 반죽을 하듯이 말이야. 혀는 주로 근육으로 이루어져 있어서 앞뒤, 양옆, 위아래 등 자유자재로 움직일 수 있거든."

"그래서 이렇게 약 올릴 수도 있고요."

장하다가 허영심에게 혀를 날름 내밀자 허영심이 흥 하고 콧방귀를 뀌었다. 용선생이 이어서 말했다.

"혀가 하는 일이 또 있어. 입속에서 잘게 분해된 음식물을 한 덩어리로 뭉쳐서 입 뒤쪽에 있는 목구멍으로 넘기는 거야. 그럼 음식물을 꿀꺽 삼킬 수 있지."

"그거 정말 중요한 역할이네요!"

곽두기가 큰 소리로 외치고는 침을 꿀꺽 삼켰다. 용선생이 빙긋 웃으며 말했다.

"이게 입안에서 이루어지는 소화 과정이란다. 이는 음식물을 믹서처럼 잘게 부수고, 침은 음식물 속 영양소를 더 작은 크기로 분해하고, 혀는 음식물과 침을 반죽기처럼 섞어 주지."

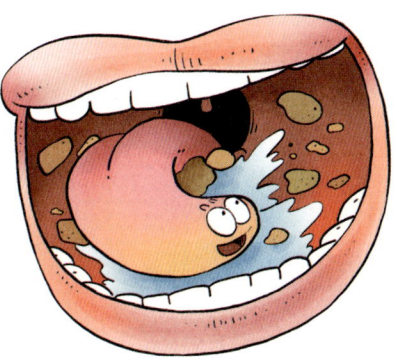

▲ **혀의 소화 작용** 혀는 음식물과 침을 섞어서 반죽처럼 뭉친 뒤 목구멍으로 넘겨.

"이랑 침이랑 혀는 입안의 소화 삼총사군요."
"하하, 맞아. 한 가지 더 알려 줄까?"
"네, 어서 알려 주세요!"
"이랑 혀가 음식물을 분해하는 방법을 기계적 소화라 하고, 침이 음식물을 분해하는 방법을 화학적 소화라 해."
"기계…… 화학이요……?"
"이는 음식물을 믹서처럼 자르고 으깨잖아. 또 혀는 음식물과 침을 반죽기처럼 섞어 주고. 이렇게 소화 기관이 기계처럼 움직여서 음식물을 부수고 섞는 걸 기계적 소화라고 해. 기계적 소화는 단순히 크기를 작게 만든다는 점이 포인트지."
"그럼 화학적 소화는요?"
"화학적 소화는 단순히 크기만 작게 분해하는 게 아니라, 화학 반응으로 원래 물질을 다른 물질로 만드는 거야. 침이 여러 개의 포도당 알갱이가 결합된 녹말을 쪼개서 포도당 알갱이 두 개가 결합된 엿당으로 만들듯이 말이지. 녹말과 엿당은 엄연히 다른 물질이라고."
"오, 정말요? 신기하네요. 화학적 소화를 거치면 다른 물질이 된다니."
나선애가 꼼꼼히 노트에 필기하며 되새겼다.

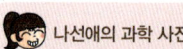

화학 반응 어떤 물질이 혼자서 또는 다른 물질을 만나 성질이나 구조가 달라져서 원래 물질과는 다른 새로운 물질로 변하는 걸 말해. 줄여서 '반응'이라고도 하지.

"입뿐 아니라 다른 소화 기관에서도 기계적 소화와 화학적 소화가 함께 일어나. 다른 소화 기관에서도 침 같은 액체를 내보내서 물질을 바꿔 놓거든. 이렇게 소화 기관에서 화학적 소화를 하기 위해 내보내는 액체를 '소화액'이라고 해. 나중에 배울 위나 작은창자에서도 소화액이 나온단다."

나선애가 새삼 놀라며 말했다.

"소화가 이렇게 복잡한 일이었다니! 그냥 먹기만 하면 되는 줄 알았는데."

"하하, 이 어려운 일을 우리 몸이 하고 있단다. 그러니 앞으로는 입안에서 소화가 충분히 되도록 음식을 천천히 꼭꼭 씹어 먹으렴."

그때 어디선가 꼬르륵 소리가 났다. 모두들 소리가 난 곳을 쳐다보았다. 허영심이 배시시 웃으며 말했다.

"선생님, 계속 먹는 이야기를 했더니 배고파요. 우리 떡볶이 먹으러 가요! 물론 돈은 선생님이……."

"하하! 좋아, 기분이다. 먹으러 가자고!"

핵심정리

혀는 음식물과 침을 잘 섞고 덩어리로 뭉쳐서 목구멍으로 넘겨. 입에서 이와 혀는 기계적 소화를, 침은 화학적 소화를 담당해.

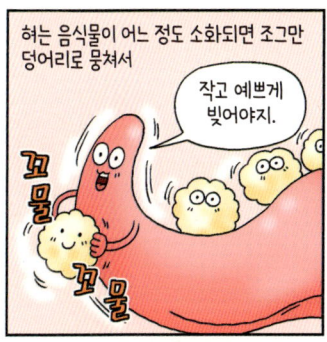
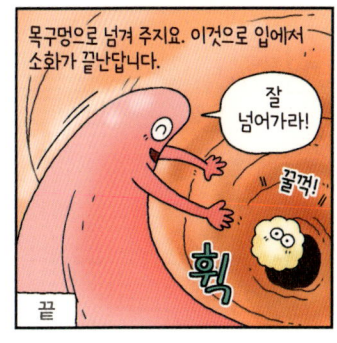

나선애의 정리노트

1. 소화
① 음식물을 잘게 ⓐ [　　] 해 세포가 흡수할 수 있는 크기로 만드는 것
② 음식물을 소화하는 기관: 입, 식도, 위, 작은창자, 큰창자, 항문
③ 소화액을 만들어 보내 소화를 돕는 기관: 간, 이자, 쓸개

2. 소화의 종류
① ⓑ [　　] 소화: 소화 기관이 움직여서 음식물을 기계처럼 부수고 섞으며 분해하는 방법
② 화학적 소화: ⓒ [　　] 으로 음식물의 영양소를 분해하는 방법

3. 입의 소화 작용
① 이: 기계적 소화
  · 음식물을 자르고 찢고 으깸.
② ⓓ [　　] : 화학적 소화
  · 침샘에서 나오며, 탄수화물 중 하나인 녹말을 분해함.
  · 음식물 덩어리가 작을수록 침과 닿는 전체 표면이 넓어서 소화가 잘 이루어짐.
③ ⓔ [　　] : 기계적 소화
  · 음식물과 침을 반죽하듯이 섞고, 덩어리로 뭉쳐 목구멍으로 넘김.

정답 ⓐ 분해 ⓑ 기계적 ⓒ 소화액 ⓓ 침 ⓔ 혀

과학퀴즈 달인을 찾아라!

●정답은 119쪽에

01

친구들이 이번 시간에 배운 내용에 대해 이야기하고 있어. 옳으면 O, 옳지 않으면 X를 표시해 줘.

① 이가 음식물을 잘게 부수는 것은 기계적 소화야. (　　)
② 음식물 덩어리가 클수록 침과 닿는 전체 표면이 넓어. (　　)
③ 혀는 침과 음식물을 섞어 줘. (　　)

02

입안의 소화 삼총사인 이, 침, 혀가 대화하고 있어. 보기 를 보고 각각 누가 하는 말인지 말풍선 안에 알맞은 번호를 적어 봐.

보기
① 내가 없으면 음식물과 침이 잘 섞이지 못할걸?
② 난 기계적 소화로 음식을 잘게 부숴.
③ 나는 화학적 소화로 영양소를 더 작게 분해해.

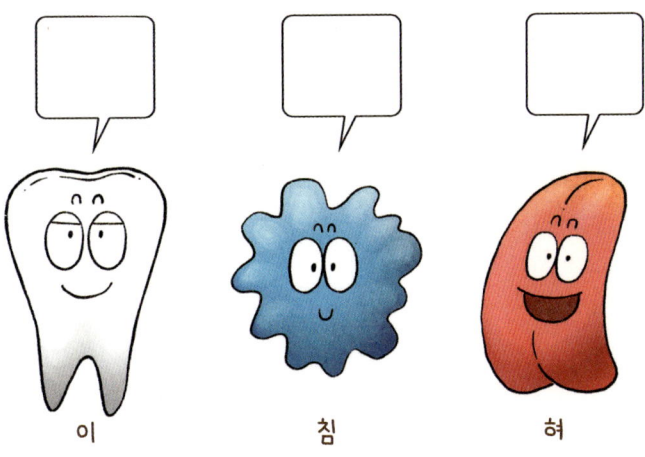

이　　　침　　　혀

| 용선생의 과학 카페 | 용선생의 한국사 카페 | 용선생의 세계사 카페 |

https://cafe.naver.com/yongyong

용선생의 과학 카페

과학계의 핵인싸,
용선생의 과학 카페에
오신 걸 환영합니다.

[Log in]

 MENU

물리면 아프다
화학이 화하하
생물 오징어
지구는 둥글다

더러운 침? 고마운 침!

드라마나 영화를 보면 간혹 사이가 안 좋거나 미워하는 사람에게 침을 뱉는 장면을 볼 수 있어. 침을 뱉는 행동은 상대방을 헐뜯거나 조롱한다는 뜻이야. 여기에는 침이 더럽고 나쁜 것이라는 생각이 깔려 있지. 하지만 침은 우리 몸에서 매우 소중한 물질이야. 이제부터 왜 그런지 알려 줄게.

침이 탄수화물을 분해한다는 건 앞에서 배웠지? 사실 침은 지방도 분해할 수 있어. 아주 조금이긴 하지만 말이야.

그 덕에 갓난아기들은 엄마 젖을 먹고 자랄 수 있어. 무슨 말이냐고? 아기들이 먹는 젖에는 지방이 많이 들어 있는데, 갓난아기의 소화 기관에서는 아직 지방을 분해하지 못해. 그래서 입에서 침이 지방을 분해하지.

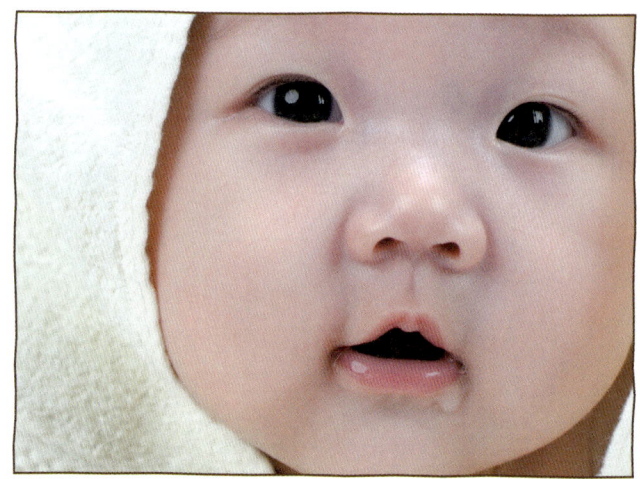

▲ 침을 흘리는 아기 침은 지방을 조금 분해할 수 있어. 그래서 갓난아기는 젖에 들어 있는 지방을 소화할 수 있지.

침으로 중요한 정보를 알아낼 수도 있어. 침에는 그 사람의 고유한 특징을 나타내는 데 필요한 유전 정보가 들어 있거든. 그래서 범죄 사건의 증거물이 될 수도 있지. 예를 들면, 범인으로 의심되는 사람이 있을 때 그 사람의 침을 채취해서 범죄 현장에 남아 있던 범인의 유전 정보와 비교하는 거야. 두 유전 정보가 같다면, 의심되는 그 사람이 바로 범인인 것이지.

장하다의 오답을 피하는 방법

나선애의 야무진 실험실

왕수재의 아는 척 과학교실

허영심의 별 헤는 밤

곽두기의 빅뱅 따라잡기

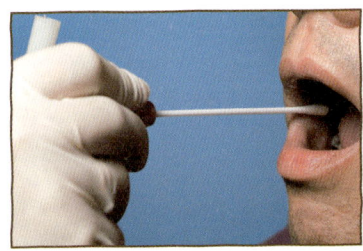 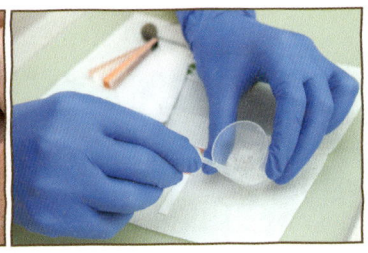

▲ **침을 채취하는 모습** 면봉 등의 도구로 입속에서 침을 채취해. 이 침 속에 있는 물질을 검사하면 그 사람의 유전 정보를 알아낼 수 있어.

그밖에도 침은 세균을 없애고 충치가 생기는 걸 막아 줘. 또 입속의 상처를 빨리 낫게 해 주기도 하지. 어때? 침에 대해 알고 나니 침이 더럽기보다는 고맙게 느껴지지 않니?

침의 능력이 정말 대단한걸?

COMMENTS

이제부터 침을 소중하게 생각해야지!
ㄴ 퉤! 여기 소중한 내 침 나눠 줄게.
ㄴ 형! 더러워!
ㄴ 침에는 질병을 옮기는 세균이 있을 수 있으니 함부로 뱉지 마.
ㄴ 네...ㅠㅠ

3교시 | 위

위는 왜 주머니처럼 생겼을까?

와! 어떻게 이 많은 음식을 다 먹지?

저 사람은 위가 엄청나게 큰가 봐.

"선생님! 사람은 음식을 얼마나 많이 먹을 수 있어요?"

왕수재가 용선생을 보자마자 물었다.

"사람마다 다른데, 그건 왜?"

"인터넷 방송을 보니 어떤 사람은 한 번에 라면 10개를 끓여 먹고요, 어떤 사람은 초밥을 100개나 쉬지 않고 먹어요! 대체 그 많은 음식이 어떻게 다 몸속으로 들어가요?"

 ## 꿀꺽 삼킨 음식물은 어디로 갈까?

"그건 바로 위 덕분이지. 음식물이 몸속 어디로 가는지 알아볼까? 입에서 삼킨 음식물은 식도를 거쳐 위로 넘어

가. 식도는 입과 위를 잇는 통로로, 근육을 움츠렸다 폈다 하며 음식물을 적당한 크기로 나눠서 위로 보내."

"왜 한꺼번에 보내지 않고 나눠서 보내요?"

"덩어리가 너무 크면 음식물이 위까지 못 가고 식도 중간에서 멈출 수 있거든. 그럼 식도 바로 옆에 있는 기도가 눌려서 숨을 못 쉴 수도 있어."

"컥! 정말 음식물을 잘 씹어서 삼켜야겠네요."

"맞아. 식도를 거친 음식물은 위로 들어가. 그러면 위의 안쪽 벽, 즉 위벽에 있는 위샘에서 소화액이 나와. 이 소화액을 위액이라 하지."

"입에서 침이 나오는 것처럼 위에서는 위액이 나오네요."

 나선애의 과학 사전

기도 숨 쉴 때 공기가 몸속을 드나드는 통로로, 코와 입에서 폐로 연결되어 있어. 기도는 목에서 음식물이 지나가는 식도와 나란히 있지.

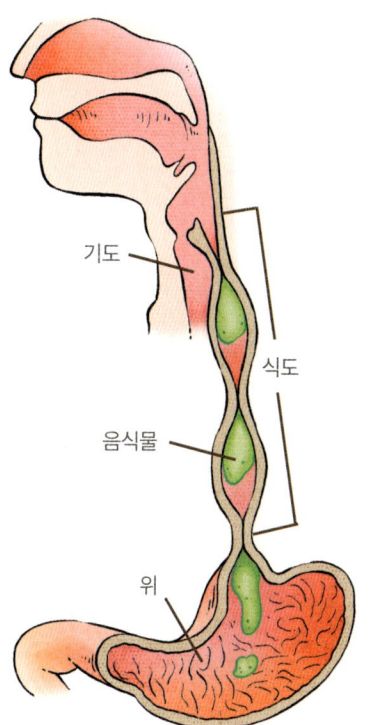

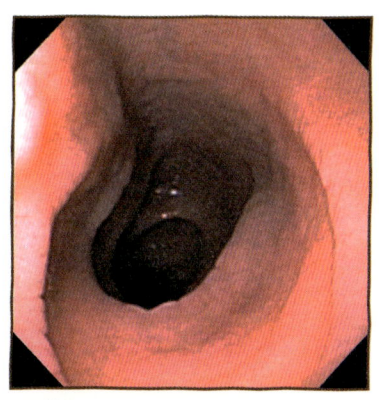

▲ 식도

◀ **식도의 소화 작용** 식도는 근육을 움직이며 음식물을 밀어 보내. 이때 음식물은 입에서 위로 가는 한 방향으로만 움직여. 그래서 거꾸로 서서 음식을 먹어도 삼킨 음식물이 입으로 되돌아오지 않아.

용선생의 과학 현미경

모든 물질은 산성, 중성, 염기성 중 하나의 성질을 띠어. 산성은 보통 신맛이 나고 금속을 녹이는 특징이 있지. 산성과 염기성에는 강하고 약한 정도가 있는데, 아주 강한 산성은 우리 몸을 이루는 단백질을 녹일 수도 있어.

나선애의 과학 사전

점액 끈적한 액체를 뜻해. 주로 생물의 피부나 콧속, 입속, 몸속 기관의 벽 등 일정한 부위의 표면을 덮어서 몸을 보호하는 액체를 가리켜.

"맞아. 위액은 강한 산성으로, 음식물에 들어 있는 단백질을 분해해. 위액은 위에서 화학적 소화를 담당하지."

"침은 탄수화물을 분해하고, 위액은 단백질을 분해하는군요."

"응. 그런데 알아 둘 게 있어. 지난번에 우리 몸이 대부분 단백질로 되어 있다고 했지? 위도 단백질로 되어 있거든. 그래서 자칫하면 위액이 위 자체를 녹일 수도 있어!"

"헉! 위에서 나온 위액이 위를 녹일 수 있다고요?"

"어떡해! 내 위!"

용선생이 놀란 아이들을 다독이며 말했다.

"하지만 걱정 마. 위벽에서는 위액 말고도 위를 보호하는 점액이 나와서 위벽 전체를 감싸 줘. 그래서 위액이 위벽에 직접 닿을 일은 없어. 하하!"

"어휴, 다행! 깜짝 놀랐다고요."

"그래서 제 위가 아직 무사한 거군요."

곽두기가 가슴을 쓸어내렸다.

"그럼 위에서는 화학적 소화만 일어나요?"

"아니. 위에서도 기계적 소화가

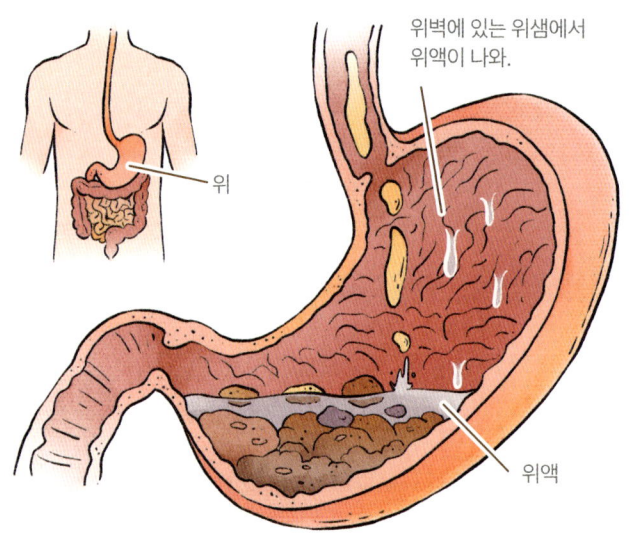

▲ **위의 화학적 소화** 음식물이 위에 도착하면 위벽에 있는 위샘에서 위액이 나와.

일어나. 위에서는 위벽 전체가 기계적 소화를 담당해. 위벽이 꿀렁꿀렁 움직이면서 위 속에 있는 음식물과 위액을 섞는 거야. 반죽을 하듯이 말이야."

"입에서는 혀가 침이랑 음식물을 섞었는데, 위에서는 위 전체가 움직이며 위액과 음식물을 섞네요."

"바로 그거야!"

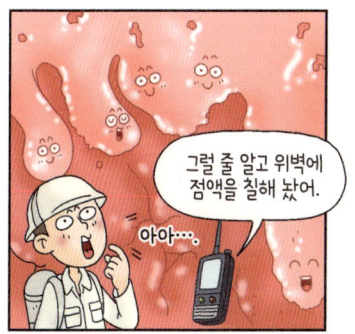

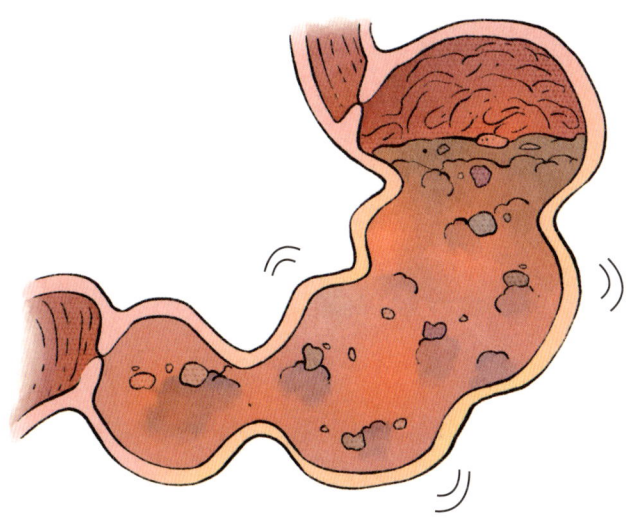

▲ **위의 기계적 소화** 위의 운동으로 위액과 음식물이 잘 섞여.

 핵심정리

입에서 넘어간 음식물은 식도를 거쳐 위로 이동해. 위에서는 위액이 나와서 화학적 소화가 이루어지고, 위 전체가 움직이며 기계적 소화가 일어나.

어떻게 그렇게 많이 먹을까?

"선생님, 소화가 다 되려면 얼마나 걸려요? 인터넷 방송에 나온 사람은 먹자마자 소화를 다 했는지, 금방 또 먹고 또 먹고 하던데요."

장하다가 부럽다는 표정으로 물었다.

"그건 소화를 빨리 해서 그런 게 아니라 위에 음식물을 많이 담을 수 있기 때문이야. 위는 주머니처럼 생겨서, 음식물을 많이 담아 놓고 오랫동안 소화할 수 있거든."

"얼마나 오래요?"

"음식물은 보통 위에서 2~4시간 동안 머물러. 덕분에 이 시간 동안은 배가 고프지 않아. 위에서 소화가 끝나고 음식물이 다음 소화 기관으로 넘어가서 위가 비면, 꼬르륵 소리가 나면서 다시 배가 고파지지."

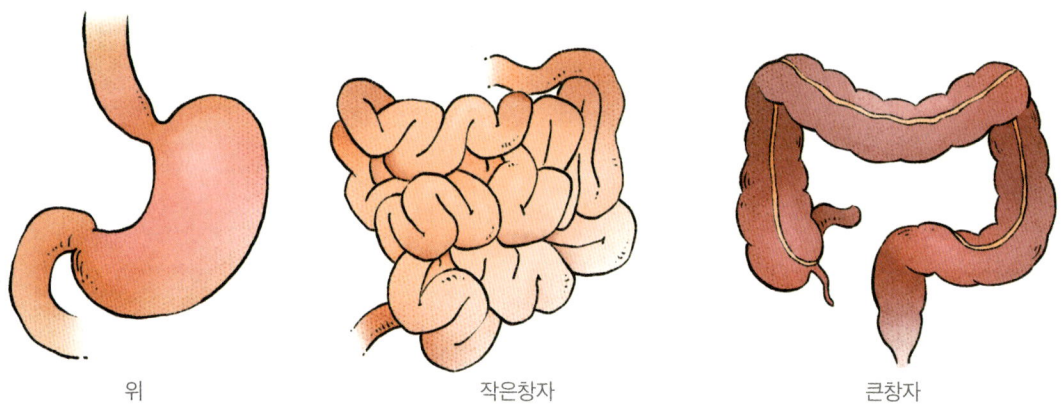

위   작은창자   큰창자

▲ **다양한 모양의 소화 기관** 위는 주머니처럼 생겨서 음식물을 많이 담아 놓고 오랜 시간 동안 소화해. 반면 작은창자와 큰창자는 기다란 관처럼 생겨서 음식물이 지나가며 소화돼.

그때 곽두기 뱃속에서 꼬르륵 소리가 났다.

"선생님, 제 위가 벌써 비었나 봐요. 채울 거 없나요?"

"하하! 알았다, 알았어."

용선생이 교탁 밑에서 젤리를 꺼내 아이들에게 나눠 주며 계속 말했다.

"만약 위가 주머니처럼 생기지 않았다면 우리는 하루 종일 계속 밥을 먹어야 할지도 몰라. 위가 금방금방 비어 버려서 금방금방 배가 고파질 테니까 말이야."

"선생님, 그런데 위가 아무리 주머니처럼 생겼다 해도 어떻게 한 번에 라면 10개, 초밥 100개가 들어가요?"

"그건 위가 쭉쭉 늘어나기 때문이야."

용선생은 새로운 그림을 띄웠다.

"위벽은 근육층 세 겹으로 되어 있어서 모든 방향으로 늘어날 수 있어. 또, 안쪽에 주름이 많아서 늘었다 줄었다 할 수 있지. 그래서 비었을 때에는 쪼그라져 있지만 음식물이 많이 들어오면 위의 크기가 쭈욱 늘어나."

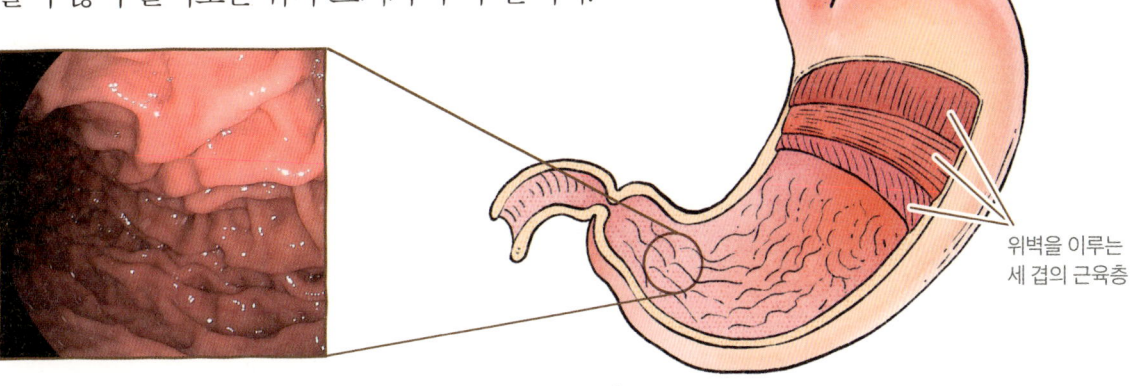

▲ 위벽의 주름   ▲ 위의 구조

위벽을 이루는 세 겹의 근육층

"주름이 펴지면서 크기가 늘어나는 거군요."

"맞아. 그뿐만 아니라 위 주변에는 뼈가 없어. 그래서 위는 뼈에 가로막히지 않고 커질 수 있지."

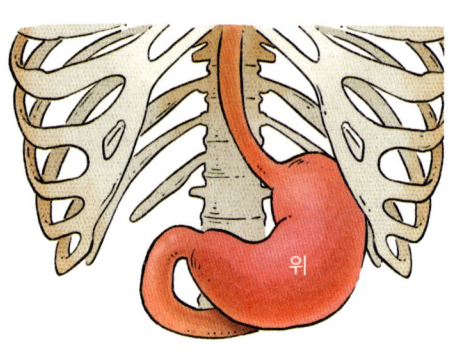

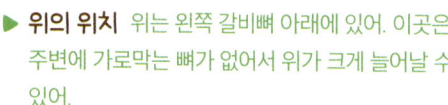 **위의 위치** 위는 왼쪽 갈비뼈 아래에 있어. 이곳은 주변에 가로막는 뼈가 없어서 위가 크게 늘어날 수 있어.

장하다가 환호성을 질렀다.

"야호! 그럼 먹고 싶은 만큼 마음껏 먹어도 되겠네요? 위가 쭉쭉 늘어나니까요."

"골고루 잘 먹는 건 좋지만 너무 많이 먹는 건 안 좋아. 위가 너무 많이 늘어나면 간이나 이자, 작은창자같이 주변에 있는 다른 기관을 짓누를 수 있거든."

허영심이 그럴 줄 알았다는 표정으로 중얼거렸다.

"헹, 그것 봐. 너무 많이 먹으면 좋지 않다고."

용선생이 다시 말했다.

"보통 어른의 경우 위에 음식물이 약 1.5L(리터)까지 들어갈 수 있어. 음식을 많이 먹는 걸 전문으로 하는 사람은

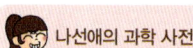 나선애의 과학 사전

L(리터) 보통 액체의 양을 나타내는 단위로, 1.5L는 큰 페트병 하나 정도 되는 양이야.

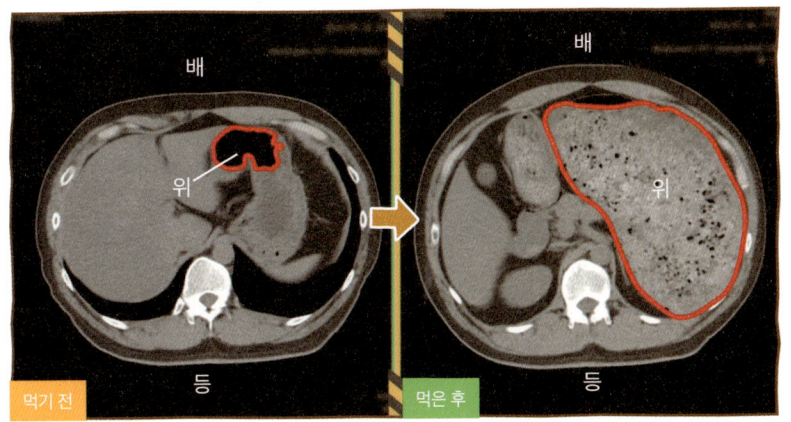

▲ **초밥을 100개 이상 먹은 사람의 위** 음식물이 들어온 뒤 위의 크기가 약 60배 증가하여 주변의 장기들이 있는 곳까지 위가 차지하고 있어.

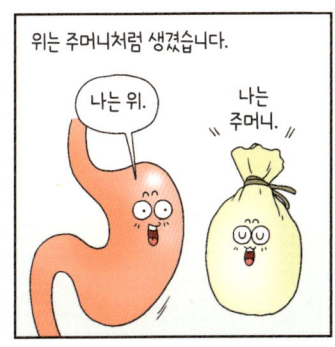

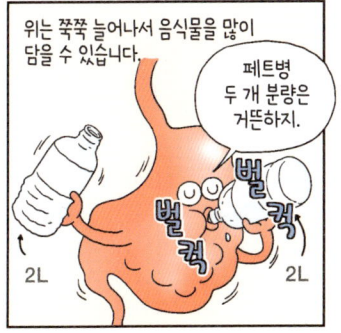

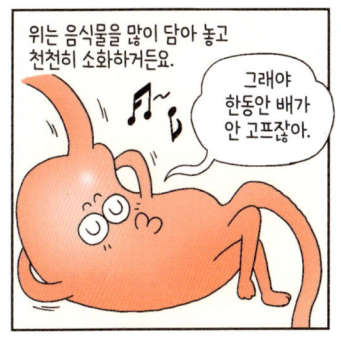

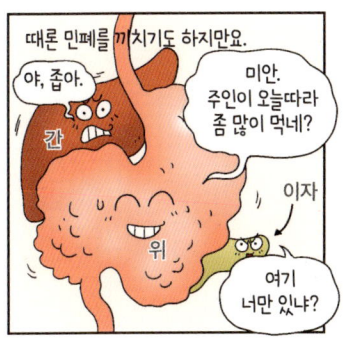

이보다 두 배가 넘는 4L까지 들어가기도 해."

"4L면 얼마예요?"

"큰 페트병 하나가 1.5~2L이니까, 페트병 두 개가 넘는 양이지."

"헉! 위 속에 페트병 두 개가?"

"하하, 대부분의 동물은 이렇게 위에 먹이를 많이 담아 놓고 천천히 소화를 시켜. 그러면 먹이를 먹을 수 없을 때에도 영양소를 흡수하고 에너지를 낼 수 있거든."

핵심정리

위는 주머니 모양의 소화 기관으로, 세 겹의 근육층으로 되어 있고 안쪽에 주름이 많아서 잘 늘어나. 그래서 음식물을 많이 담아 놓고 천천히 소화해. 위는 보통 1.5L에서 최대 4L까지 음식물을 담아 둘 수 있어.

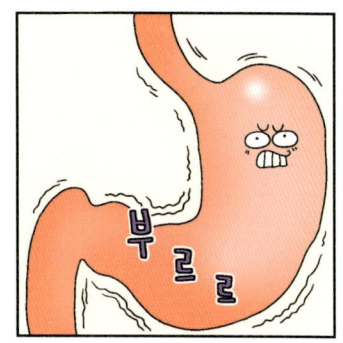

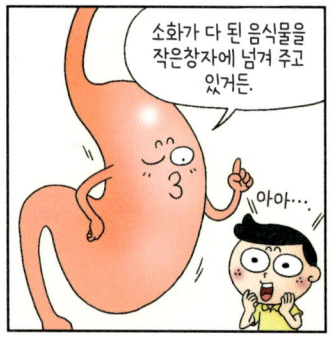
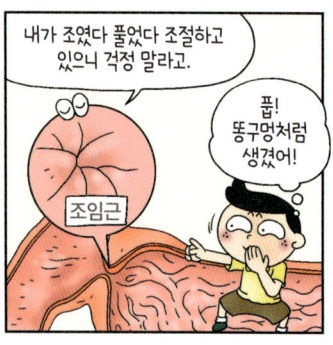

 음식물은 왜 아래로만 내려갈까?

"선생님, 저렇게 많이 먹다가 위가 넘쳐서 음식물이 다시 입으로 올라오면 어떡해요?"

"하하, 걱정 마. 웬만해서는 한 번 삼킨 음식은 다시 올라오지 않아. 소화 기관들의 입구와 출구를 조임근이 단단히 조여서 막고 있거든. 식도와 위뿐 아니라 창자에도 조임근이 있단다."

"조임근? 그게 뭐예요?"

"조임근은 고리 모양의 두꺼운 근육으로, 통로를 조여서 막아 주고 음식물이 조금씩 넘어가게 하지. 조임근은 음식물이 넘어갈 때에만 열리고 다른 때에는 꽉 닫혀 있어. 그래서 음식물이 지나간 길로 되돌아오지 않아."

▼ 위의 입구와 출구에 있는 조임근

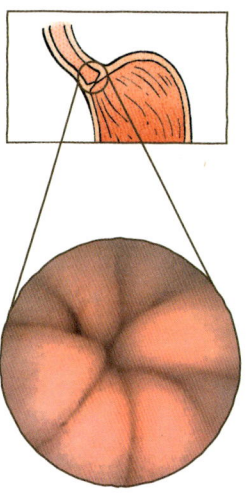
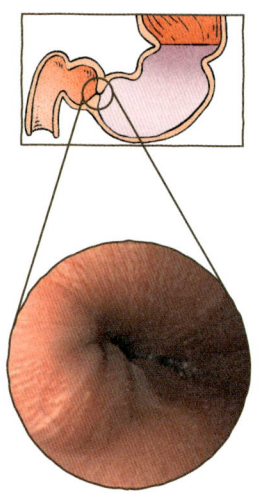

위의 입구에 있는 조임근   위의 출구에 있는 조임근

조임근 사진을 유심히 보던 곽두기가 말했다.

"선생님, 조임근이 꼭 똥구멍처럼 생겼어요. 푸하하!"

"하하, 그럴 수밖에 없지. 항문도 조임근이거든."

"그럼 위에서 작은창자로 음식물이 넘어갈 때 꼭 똥이 나오는 모습과 비슷하겠어요."

"으으! 자꾸 더러운 얘기 할래?"

아이들의 성화에 용선생이 빙그레 웃으며 말했다.

"나중에 배우겠지만 똥이 나올 때랑은 조금 달라. 위에서 소화가 된 음식물은 거의 묽은 죽과 같은 상태로 천천히 조금씩 넘어가지."

"으윽! 더 싫어! 선생님까지 왜 그러세요!"

"하하, 사실이니 어쩔 수 없지. 이것으로 오늘의 수업 끝!"

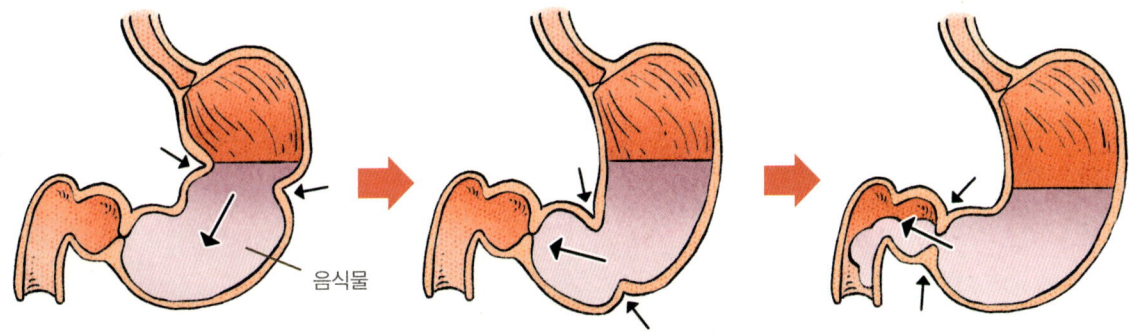

▼ **위에서 작은창자로 음식물이 이동하는 모습** 위벽의 근육이 위에서 아래쪽으로 누르며 음식물을 작은창자로 이동시켜.

핵심정리

위에서 소화된 음식물은 천천히 작은창자로 넘어가. 위의 입구와 출구는 고리 모양의 조임근으로 되어 있어서, 음식물이 조금씩 넘어가고, 왔던 길로 되돌아가지 않게 조절해.

나선애의 정리노트

1. 위의 생김새와 특징

① 세 겹의 근육층으로 된 주머니 모양으로, 안쪽 벽에 ⓐ[　　　]이 많아서 크기가 잘 늘어남.

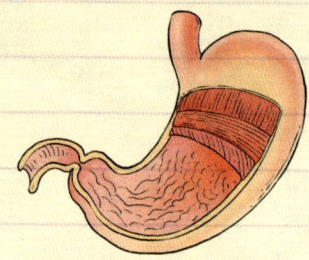

② 보통 어른의 경우 한 번에 1.5L, 최대 4L까지 음식물을 담을 수 있음.

③ 입구와 출구가 고리 모양의 근육인 ⓑ[　　　]으로 되어 있어서 음식물이 넘어갈 때에만 열리고 소화되는 동안은 꽉 닫혀 있음.

④ 출구에서는 소화가 다 된 음식물을 조금씩 작은창자로 내보냄.

2. 위의 소화 작용

① 기계적 소화: 위벽이 늘었다 줄었다 움직이며 위 속에 있는 음식물과 소화액을 섞음.

② 화학적 소화: 위벽에서 위액과 점액이 나와 음식물을 분해함.
- 위액: 매우 강한 ⓒ[　　　]으로, ⓓ[　　　]을 소화시킴.
- ⓔ[　　　]: 단백질로 이루어진 위가 위액에 의해 녹지 않도록 위벽을 감싸서 보호함.

ⓐ 주름 ⓑ 조임근 ⓒ 산성 ⓓ 단백질 ⓔ 점액

 # 과학퀴즈 달인을 찾아라!

●정답은 119쪽에

01

친구들이 이번 시간에 배운 내용에 대해 이야기하고 있어. 옳으면 O, 옳지 않으면 X를 표시해 줘.

① 위에서는 탄수화물과 단백질, 지방이 모두 소화돼. (   )
② 위에서는 강한 산성의 위액이 나와. (   )
③ 위의 입구와 출구는 아무 때나 열리고 닫혀. (   )

02

우리 몸에서 음식물을 많이 담아 놓고 소화하는 기관을 찾고 있어. 옳은 말을 따라 사다리를 타고 가면서 어느 기관인지 맞혀 봐.

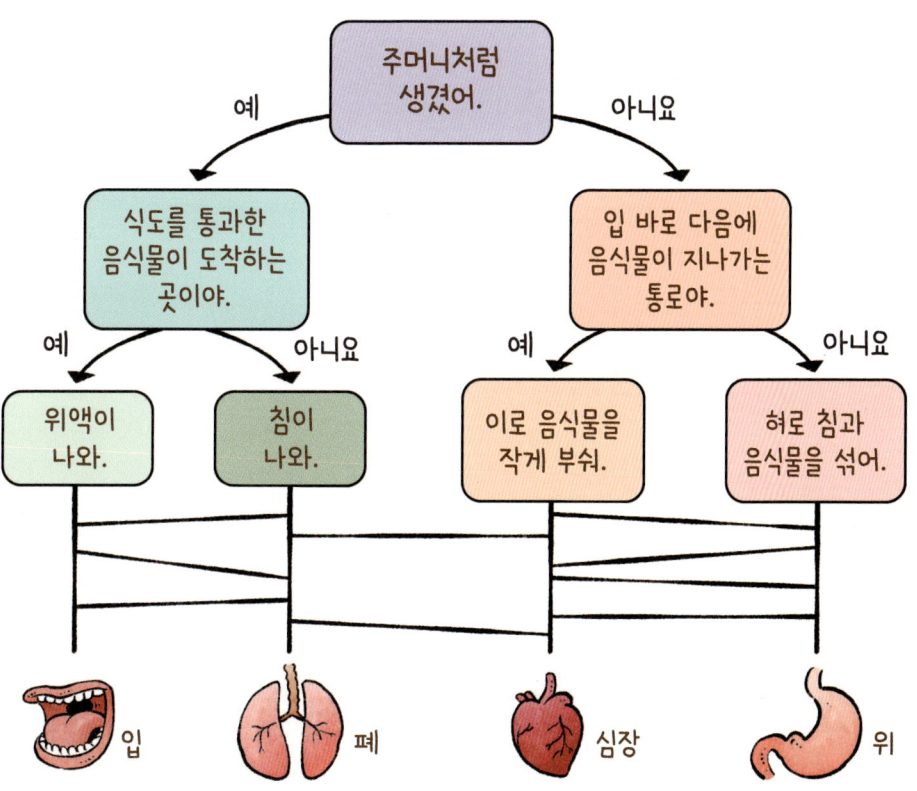

4교시 | 작은창자

작은창자는 왜 이렇게 길까?

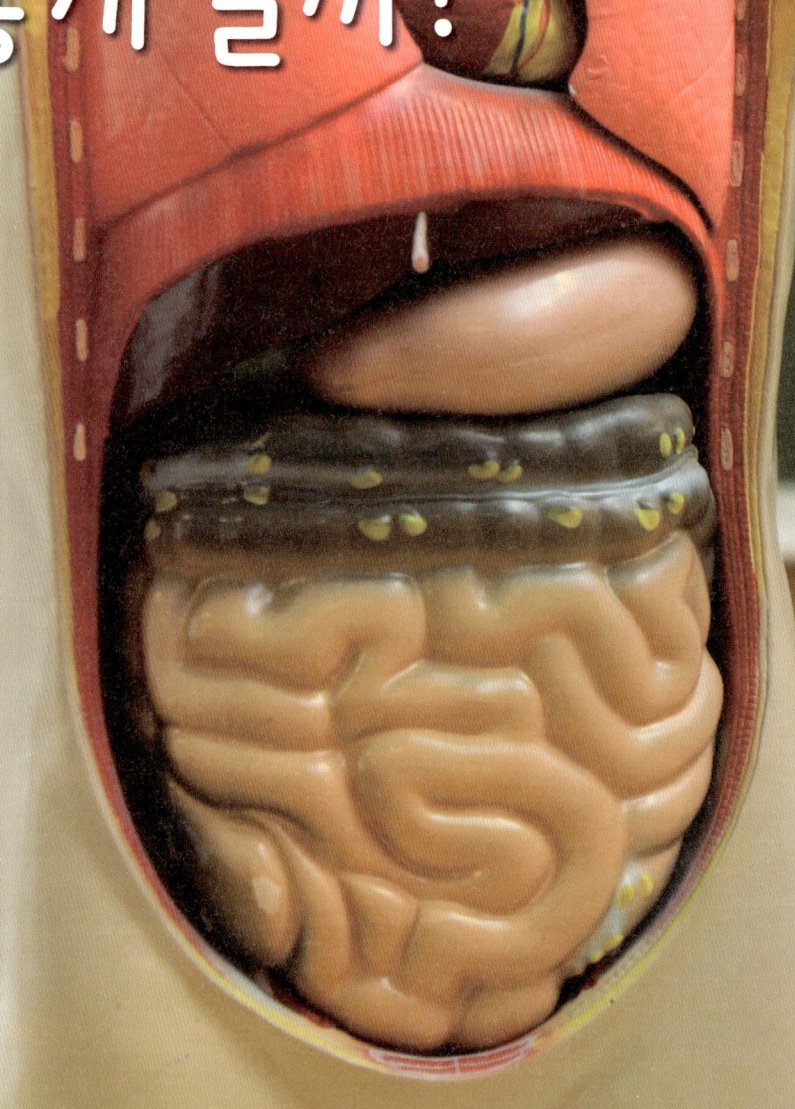

우아! 인체 모형이다.

교과연계
초 6-2 우리 몸의 구조와 기능
중 2 동물과 에너지

우리 몸의 소화 기관
꼬불꼬불 작은창자

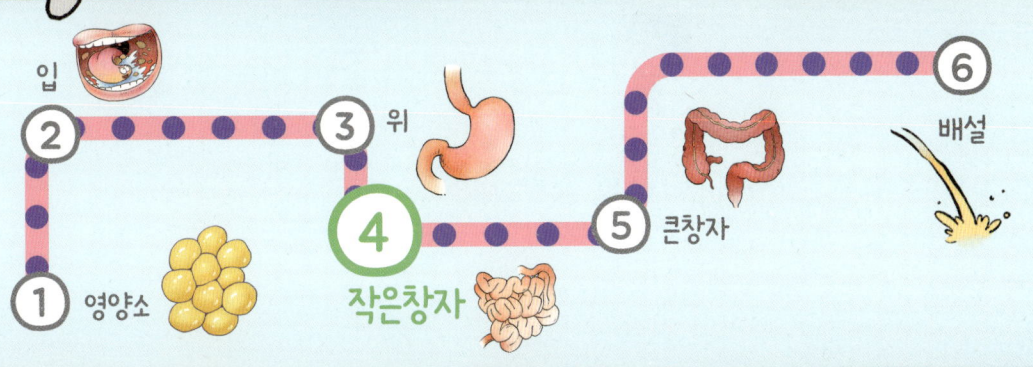

나선애가 과학실 책장에 있던 책을 빼서 읽다가 외쳤다.

"너희 그거 알아? 우리 뱃속에 있는 작은창자의 길이가 6m가 넘는대."

그러자 곽두기가 대꾸했다.

"말도 안 돼. 6m라면 내 키의 몇 배나 되는데 그렇게 긴 게 내 뱃속에 다 들어가 있다고?"

"이 책을 봐! 분명히 6m라고 쓰여 있잖아."

"엥? 정말 그러네."

 ## 작은창자에서 소화되는 영양소는?

"다들 뭐에 그렇게 놀랐니?"

과학실에 들어온 용선생이 어리둥절해하며 물었다.

"선생님, 정말 뱃속에 있는 작은창자의 길이가 6m가 넘나요?"

"상상만 해도 너무 징그러워요."

아이들의 말에 용선생이 한바탕 웃었다.

"하하! 보통 어른의 작은창자가 6m 정도 되고, 너희 같은 아이들은 그것보다 짧아. 작은창자가 긴 데에는 다 까닭이 있지."

"작은창자가 왜 긴데요?"

"먼저 작은창자의 생김새부터 알아보자. 작은창자는 위에서 넘어온 음식물을 소화시켜서 큰창자로 보내는 기관이야. 굵기는 약 3cm이고 길이는 약 6m인 관이 꼬불꼬불 얽혀 있는 모양이지. 굵기가 가늘어서 작은창자란 이름이 붙었어. 작은창자 바로 다음에 굵은 큰창자가 있거든."

"굵기가 달라서 작은창자와 큰창자로 구분하는군요."

"응. 작은창자는 크게 세 부분으로 나뉘어. 위와 연결된 곳부터 25cm 정도까지를 샘창자라 하고, 거기서부터 다시 2.5m까지를 빈창자라 해. 나머지 부분은 돌창자라고 하지. 샘창자는 입의 침샘이나 위의 위샘처럼 소화액과 점액이 나오는 곳이야."

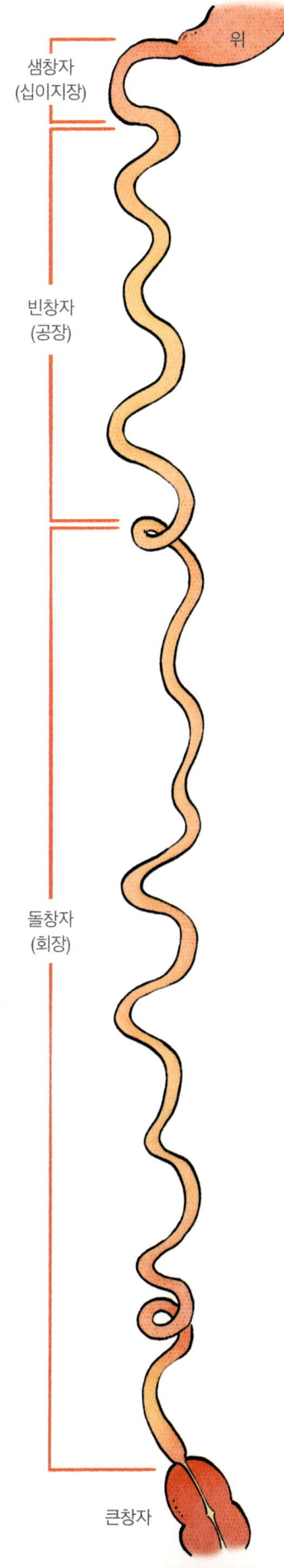

▶ 작은창자의 구조

"아하, 그래서 샘창자군요. 근데 작은창자에서도 점액이 나와요?"

"응. 작은창자를 보호하기 위해 나와. 작은창자로 넘어온 음식물은 위액과 섞여 있어서 강한 산성을 띠고 있거든. 작은창자도 단백질로 되어 있어서 강한 산성을 띠는 물질이 그대로 닿으면 상할 수 있지. 그래서 샘창자에서 점액을 내보내 작은창자의 벽을 감싸서 보호하는 거야."

나선애가 노트를 뒤적이며 말했다.

"위에서도 점액이 나와서 위벽을 보호했는데, 작은창자도 그렇군요."

"맞아. 작은창자에서는 세 종류의 소화액이 나와. 쓸개에서 내보내는 쓸개즙, 이자에서 내보내는 이자액 그리고 작은창자에서 내보내는 작은창자액이지."

"소화액이 왜 세 가지나 돼요?"

"소화액마다 분해하는 영양소가 다르거든. 이자액과 작은창자액에는 단백질, 탄수화물, 지방을 분해하는 물질이 모두 들어 있어. 또, 쓸개즙에는 지방을 분해하는 데 도움이 되는 물질이 들어 있지."

"그럼 작은창자에서는 단백질, 탄수화물, 지방이 다 분해되겠네요."

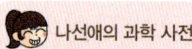 나선애의 과학 사전

쓸개즙 간에서 만드는 소화액이야. 간 바로 아래에 있는 쓸개에 저장되었다가 샘창자로 나오지.

이자액 이자에서 만드는 소화액이야. 이자는 위 바로 아래에 있는 소화 기관으로, 소화액을 비롯해 생명 활동에 필요한 여러 가지 물질을 만들어. 이자액은 샘창자로 나오지.

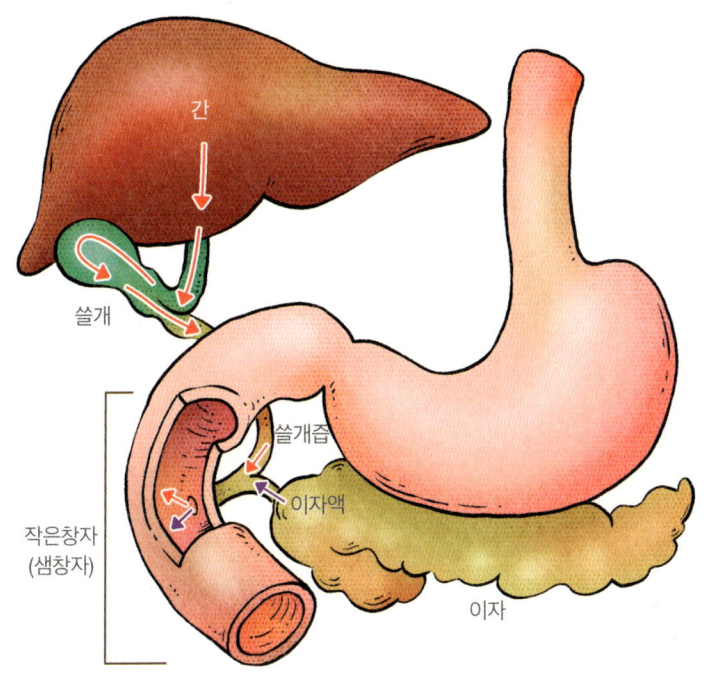

◀ **작은창자의 화학적 소화**
간에서 만들어진 쓸개즙과 이자에서 만들어진 이자액은 샘창자에서 나오고, 작은창자액은 작은창자 전체에서 나와 음식물을 분해해.

"맞아. 작은창자에서는 3대 영양소가 모두 분해돼. 사실 위에서 넘어온 음식물은 아직 절반도 소화되지 않은 상태야. 특히 지방은 거의 소화가 안 된 상태지. 그게 작은창자에서 다 소화된단다."

"이야, 이름은 작은창자인데 하는 일은 작지 않네요!"

"하나 더 알려 줄까? 작은창자에서 음식물을 분해하는 소화액에는 공통적으로 산성을 약하게 해 주는 물질이 들어 있어. 샘창자에서 점액이 나오긴 하지만, 혹시라도 작은창자가 상할까 봐 한 번 더 보호하는 거지."

"점액과 소화액이 작은창자를 겹겹이 보호하는군요."

"맞아. 이러한 소화액들을 통해 작은창자의 화학적 소화

 용선생의 과학 현미경

이자에서 나오는 이자액에는 탄산수소 나트륨이란 물질이 들어 있어. 이 물질이 위액과 섞여 있는 음식물의 산성을 약하게 해 줘.

가 이루어지는 거야."

"맞다! 기계적 소화와 화학적 소화가 있다고 하셨죠? 그럼 작은창자에서도 기계적 소화가 이루어져요?"

"작은창자 역시 위처럼 근육을 늘였다 줄였다 하며 소화액과 음식물을 뒤섞어. 그리고 그것을 덩어리로 만들어 큰창자 쪽으로 꿈틀꿈틀 이동시키지."

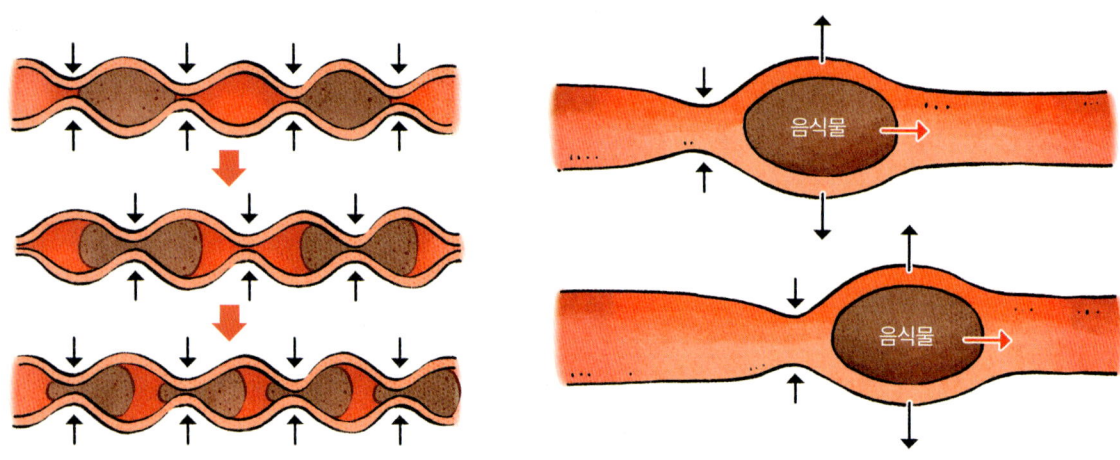

▲ **작은창자의 기계적 소화**
근육으로 된 작은창자는 늘였다 줄였다 하는 꿈틀 운동을 하며 음식물과 소화액을 섞어서 덩어리로 만들고, 큰창자 쪽으로 이동시켜.

"내 뱃속의 작은창자가 이렇게 격렬하게 움직이고 있었다니!"

"하하, 우리가 먹은 음식물은 작은창자에서 거의 다 소화돼. 그래서 작은창자가 이렇게 긴 거야."

"아무리 그래도 6m는 너무 긴 거 아닌가요?"

"작은창자가 긴 데에는 또 하나의 이유가 있어. 사실 작은창자는 음식물을 소화하는 것 말고도 아주 중요한 일을 하거든."

"그게 뭔데요?"

핵심정리
작은창자에서는 산성을 띠는 음식물로부터 작은창자를 보호하는 점액이 나와. 또 작은창자액, 이자액, 쓸개즙도 나오지. 이 소화액으로 단백질, 탄수화물, 지방을 화학적으로 분해해. 또, 작은창자가 꿈틀꿈틀 움직이며 기계적 소화를 함께 해.

작은창자 속에 난 털의 정체

"바로 영양소를 흡수하는 일이야. 음식물에 들어 있던 영양소는 입과 위, 작은창자의 소화를 거치면서 아주아주 작은 크기로 분해돼. 그래서 작은창자 벽으로 흡수되지."

"오! 이제까지 분해만 하다가 드디어 영양소를 흡수하는 거예요?"

"맞아. 영양소를 많이 흡수하려면 작은창자가 길어야 할까, 짧아야 할까?"

그러자 왕수재가 잘난 척하며 말했다.

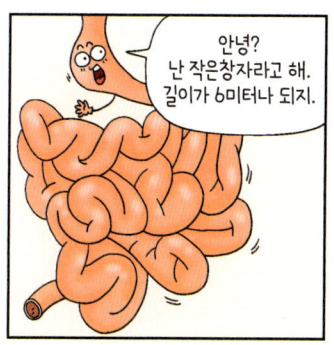

"음……. 길어야 하지 않을까요? 그래야 음식물이 오랫동안 창자에 머무를 수 있으니까요."

"맞아, 길어야 해. 작은창자의 길이가 길수록 음식물이 더 오랫동안 머물 수 있고, 그 시간 동안 음식물에 들어 있는 영양소를 더 많이 흡수할 수 있어. 게다가 작은창자는 영양소를 흡수하기에 좋은 독특한 구조로 되어 있지."

"어떤 구조요?"

"바로 안쪽 벽에 융털이 나 있는 거야. 작은창자 벽이 어떻게 생겼는지 보렴."

"으, 웬 털이 잔뜩 나 있네요."

"자자, 애들아. 융털은 머리카락 같은 털이 아니라, 올록

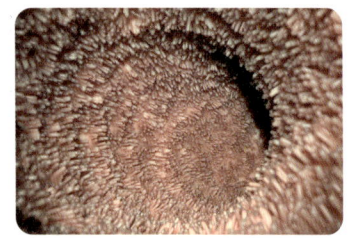

▲ 작은창자의 융털

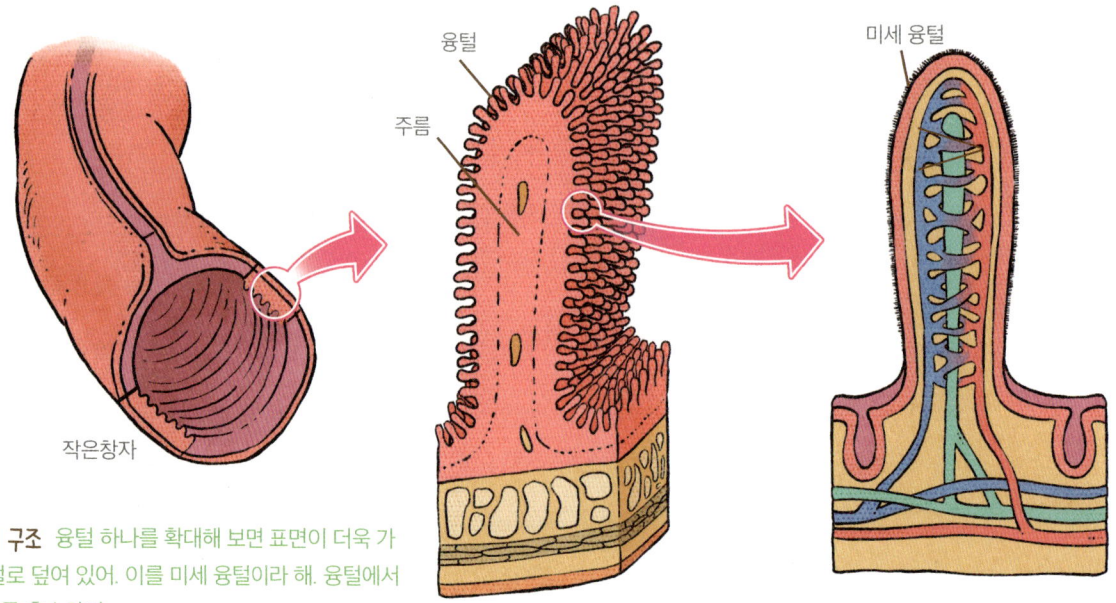

▲ **융털의 구조** 융털 하나를 확대해 보면 표면이 더욱 가는 융털로 덮여 있어. 이를 미세 융털이라 해. 융털에서 영양소를 흡수하지.

볼록한 모양으로 튀어나온 돌기야. 워낙 작고 가는 돌기가 빽빽이 있다 보니 털이 난 것처럼 보이는 거지."

"으, 그래도 징그러워요. 융털 위에 또 더 작은 융털이……. 작은창자 벽은 왜 이렇게 생겼어요?"

"그래야 영양소를 많이 흡수할 수 있거든. 작은창자 벽이 평평하다면 한 번에 영양소를 많이 흡수할 수 없어."

"왜요? 평평해야 영양소가 더 잘 붙을 것 같은데요."

"실제로는 그렇지 않아. 평평할 때보다 올록볼록할 때 표면이 더 넓어서 영양소가 더 많이 붙을 수 있거든."

"올록볼록할 때 영양소가 많이 붙는다고요?"

"응. 융털 구조로 된 작은창자와 평평한 작은창자가 있다고 해 보자. 음식물이 같은 시간 동안 두 창자에 머무른다면, 평평한 쪽보다 융털이 난 쪽이 영양소를 더 많이 흡수할 수 있어. 이 그림을 보렴."

올록볼록한 표면에 영양소가 훨씬 많이 달라붙을 수 있네!

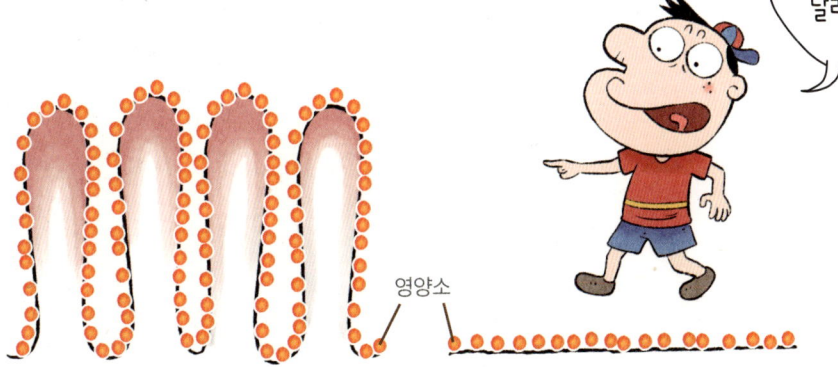

▲ **표면의 모양에 따른 넓이** 표면의 넓이는 평평할 때보다 올록볼록할 때 더 커. 융털이 난 작은창자의 표면 넓이는 평평하다고 가정할 때보다 400배 정도 커.

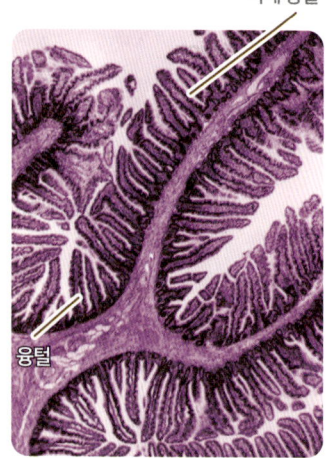

▲ **전자 현미경으로 찍은 융털의 모습**
융털 표면에 가느다란 미세 융털이 촘촘히 나 있어.

▼ **작은창자 벽의 표면 넓이** 융털이 난 작은창자 벽을 평평하게 펼치면 테니스장만 한 넓이가 돼.

장하다가 그림을 살펴보며 말했다.

"표면이 올록볼록하니까 평평할 때보다 영양소가 달라붙을 곳이 훨씬 많네요."

"맞아. 융털에는 더 작은 미세 융털이 나 있어. 그러면 표면이 더더욱 넓어지지."

"얼마나 넓어지는데요?"

"이렇게 한번 상상해 볼까? 작은창자 벽을 다림질해서 빳빳하게 편다고 말이야. 아주 작은 융털까지 모두 하나하나 펴면 얼마나 넓을까?"

"윽! 그런 상상을 왜 해요?"

"하하, 작은창자 벽의 넓이가 얼마나 큰지 알려 주려는

"작은창자 벽이 테니스장만 한 넓이라고?"

거야. 보통 성인의 작은창자 벽을 쫙 펼치면 그 넓이가 무려 테니스장만 하다고 해."

"네? 테니스장이요?"

"그래. 그렇게 표면이 넓다 보니 엄청나게 많은 양의 영양소를 쭉쭉 흡수할 수 있는 거야."

아이들이 놀라운 듯 고개를 절레절레 저었다. 나선애가 물었다.

"그런데 융털 표면에서 영양소가 어떻게 흡수돼요?"

"영양소는 융털 속에 있는 모세 혈관과 암죽관으로 들어와. 포도당같이 물에 녹는 성질의 영양소는 모세 혈관으로, 지방같이 기름에 녹는 성질의 영양소는 암죽관으로 흡수되지."

"융털 속에 있는 관이라면 정말 가늘겠네요."

"그렇지. 대부분의 영양소는 모세 혈관으로 들어와서 혈관을 타고 간으로 간단다."

"간으로 간 다음에 어떻게 되는데요?"

"간에서는 작은창자에서 흡수한 영양소 중 일부 몸에 해로운 물질을 걸러 내. 또 영양소를 세포가 이용할 수 있는 형태로 바꾸고, 비상시에 에너지를 낼 수 있게 포도당을 저장하기도 해. 이렇게 간은 영양소를 받아서 다시 조

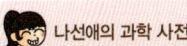

나선애의 과학 사전

모세 혈관 털 모(毛) 가늘 세(細) 혈관. 털처럼 가느다란 혈관이란 뜻으로, 우리 몸 곳곳에 퍼져 있어. 혈관은 혈액이 다니는 관, 즉 핏줄을 말하지.

암죽관 융털 속에 있는 관으로, 기름에 녹는 성질의 영양소가 흡수되는 곳이야.

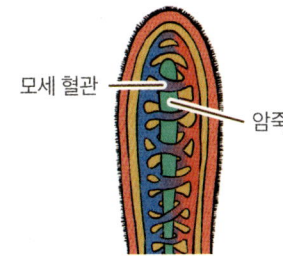

▲ 융털 속의 모세 혈관과 암죽관

> 용선생의 과학 현미경

몸에서 가장 큰 장기, 간

간은 우리 몸속에서 가장 큰 기관이야. 무게만 무려 1kg이 넘지. 얼마나 중요한 일을 하기에 이렇게 커다란 걸까? 이제부터 간이 우리 몸속에서 매일같이 하는 아주 중요한 일 네 가지를 알려 줄게.

첫째, 간은 작은창자에서 흡수한 영양소를 다시 조립해서 우리 몸에 필요한 영양소로 만들어. 그중 대부분은 단백질인데, 이 단백질은 음식물에서 얻는 단백질과 종류가 달라서 반드시 간에서 만들어야 하지.

둘째, 지방의 소화를 돕는 쓸개즙을 만들어. 쓸개는 간에서 만든 쓸개즙을 보관하다가 필요할 때 작은창자로 내보내지.

셋째, 암모니아나 알코올처럼 우리 몸에 해로운 물질을 분해해서 독성을 없애. 암모니아는 오줌에 많이 들어 있는 물질이고, 알코올은 어른들이 마시는 술에 들어 있는 물질이지.

넷째, 혈액을 만드는 데 필요한 철, 에너지를 내는 데 필요한 포도당 그리고 비타민 같은 영양소를 저장해. 몸속에 포도당이 부족하면 저장하고 있던 포도당을 내보내고, 너무 많으면 다시 거두어들여서 저장하지.

어때? 우리 몸에서 가장 커다란 기관인 만큼 중요한 일도 많이 하지?

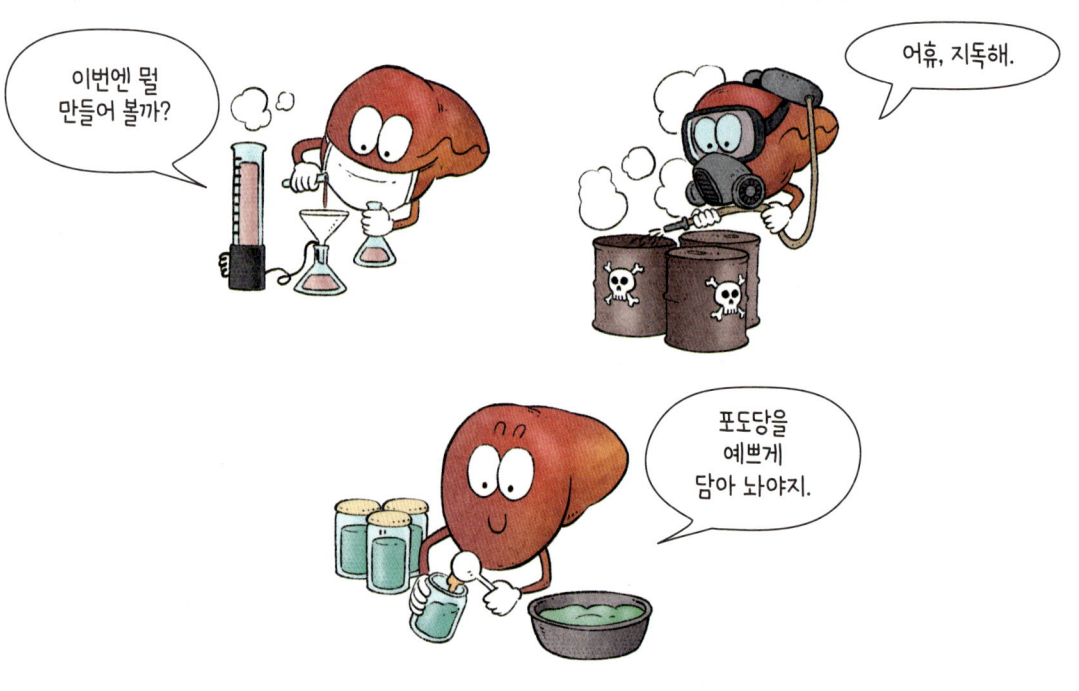

립해 우리 몸에 필요한 여러 물질로 바꾼단다."

"오호, 간도 매우 중요한 역할을 하네요."

핵심정리

작은창자에서는 음식물을 소화하고 영양소를 흡수해. 작은창자는 융털 구조로 되어 있어서 영양소를 한 번에 더 많이 흡수할 수 있어. 흡수된 영양소는 간으로 가서 우리 몸에 필요한 물질로 바뀌어.

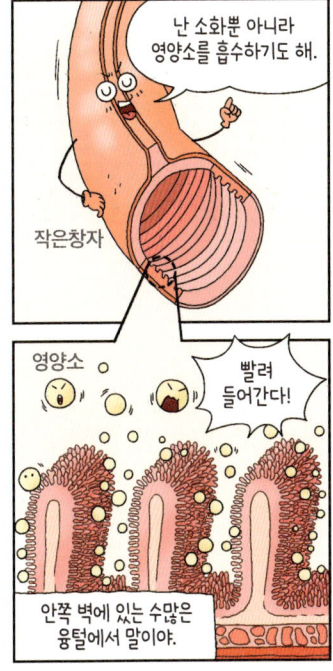

기다란 작은창자가 어떻게 뱃속에?

"작은창자에서는 이렇게 여러 기관의 도움을 받으며 소화가 이루어져. 사람뿐 아니라 다른 동물들도 작은창자가 길어. 특히 초식 동물의 작은창자가 제일 길지."

"왜요?"

"바로 먹이 때문이야. 초식 동물은 식물을 뜯어 먹고 사는데, 식물은 소화하는 데 시간이 오래 걸려. 그래서 먹은 것이 소화 기관에 오랫동안 머물러야 해."

"먹은 게 오래 머물러야 하니까 작은창자가 길군요. 그러면 육식 동물은 작은창자가 짧아요?"

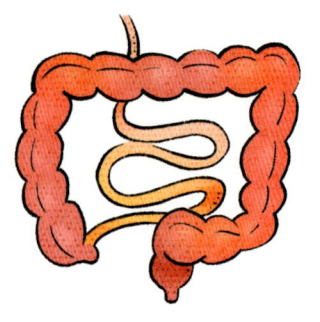
육식 동물

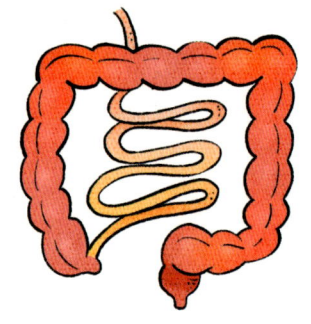
잡식 동물(사람)

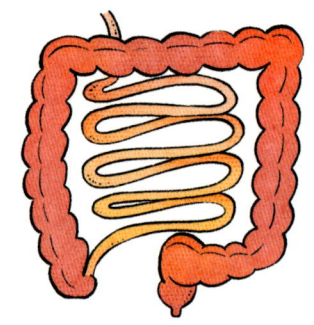
초식 동물

▲ **사람과 동물의 작은창자 길이**
초식 동물은 작은창자의 길이가 자신의 몸통 길이의 10~20배야. 육식 동물, 잡식 동물, 초식 동물 순으로 몸 크기에 비해 작은창자가 길어. 사람은 잡식 동물에 속하지.

"맞아. 육식 동물은 고기를 주로 먹잖아. 고기는 금방 썩기 쉽고, 고기에 많이 들어 있는 단백질은 분해되면서 우리 몸에 해로운 물질이 만들어질 수도 있어. 그래서 되도록 빨리 소화하고 몸에서 내보내는 게 좋지."

왕수재가 그림을 유심히 살펴보며 물었다.

"초식 동물의 작은창자는 정말 기네요. 저렇게 긴데 뱃속에서 엉키지 않아요?"

"걱정 마. 초식 동물이든 사람이든 몸속 기관끼리 서로 엉키거나 꼬이는 일은 없으니까."

"왜요?"

"몸 안에는 몸속 기관들을 고정해 주는 막이 있어. 작은창자뿐 아니라 다른 기관들도 이 막에 딱 붙어서 서로 연결돼 있지."

"몸속 기관들이 막에 붙어 있다고요?"

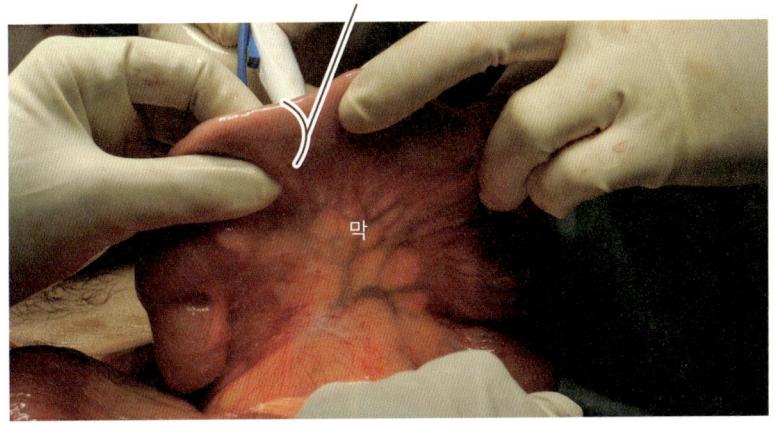

▲ **작은창자를 고정해 주는 막** 이러한 막은 몸속 기관들을 고정해 줄 뿐 아니라 작은창자에서 흡수한 영양소를 간으로 전달해. 또 작은창자로 영양분과 산소도 전달해 주지.

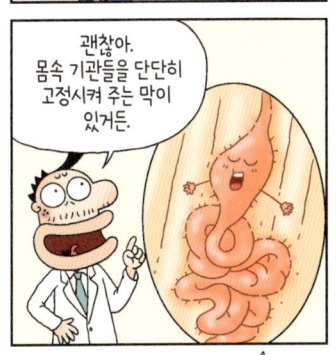

"응. 만약 몸속에 아무런 고정 장치가 없다면 우리가 몸을 움직일 때마다 흔들리고 뒤엉키면서 뱃속이 엉망진창이 될 거야. 하지만 다행히 몸속 기관들을 잡아 주는 막이 있어서 몸을 많이 움직여도 문제없다고."

"어휴, 다행이에요."

왕수재가 안도의 한숨을 쉬자 아이들이 낄낄거렸다.

"선생님! 수업도 끝났고 뱃속의 창자가 뒤엉킬 걱정도 없으니 누가 더 빨리 운동장까지 가나 내기해요! 제일 늦는 사람이 아이스크림 사 오기!"

"야! 같이 가!"

핵심정리

동물의 작은창자 길이는 먹이의 종류에 따라 달라져. 우리 몸에는 몸속 기관들을 고정시켜 주는 막이 있어서, 몸을 움직여도 몸속 기관들은 일정한 위치를 유지해.

나선애의 정리노트

1. 작은창자의 생김새와 특징
① 위에서 음식물을 넘겨받아 소화한 후 ⓐ _____ 로 보내는 소화 기관
② 샘창자, 빈창자, 돌창자로 이루어짐.
③ 보통 어른의 작은창자 길이는 약 6m이며, 큰창자보다 굵기가 가늚.
④ 작은창자끼리 엉키지 않게 고정해 주는 막에 붙어 있음.

2. 작은창자의 소화 작용
① 영양소의 분해
- 이자액, ⓑ _____ , 작은창자액이 나옴.
- 단백질, 탄수화물, 지방을 모두 소화시킴.

② 영양소의 흡수
- ⓒ _____ 구조로 인해 벽의 표면이 넓어서 영양소를 많이 흡수함.
- 모세 혈관으로 흡수된 영양소는 혈관을 타고 ⓓ _____ 으로 이동함.

3. 간의 역할
① 흡수한 영양소를 우리 몸에 필요하거나 세포가 쓸 수 있는 물질로 바꿈.
② 몸에 해로운 물질을 거르고 포도당 등의 영양소를 저장함.

ⓐ 큰창자 ⓑ 쓸개즙 ⓒ 융털 ⓓ 간

과학퀴즈 달인을 찾아라!

●정답은 119쪽에

01

친구들이 이번 시간에 배운 내용에 대해 이야기하고 있어. 옳으면 O, 옳지 않으면 X를 표시해 줘.

① 작은창자에서는 탄수화물, 단백질, 지방이 모두 소화돼. (　　)
② 작은창자는 융털 구조로 되어 있어서 영양소를 많이 흡수해. (　　)
③ 작은창자는 너무 길어서 뱃속에서 엉켜. (　　)

02

꼬불꼬불한 작은창자를 따라가다 만나는 질문에 대한 답을 찾으면 큰창자에 도착할 수 있대. 음식물들이 길을 찾을 수 있게 도와줘.

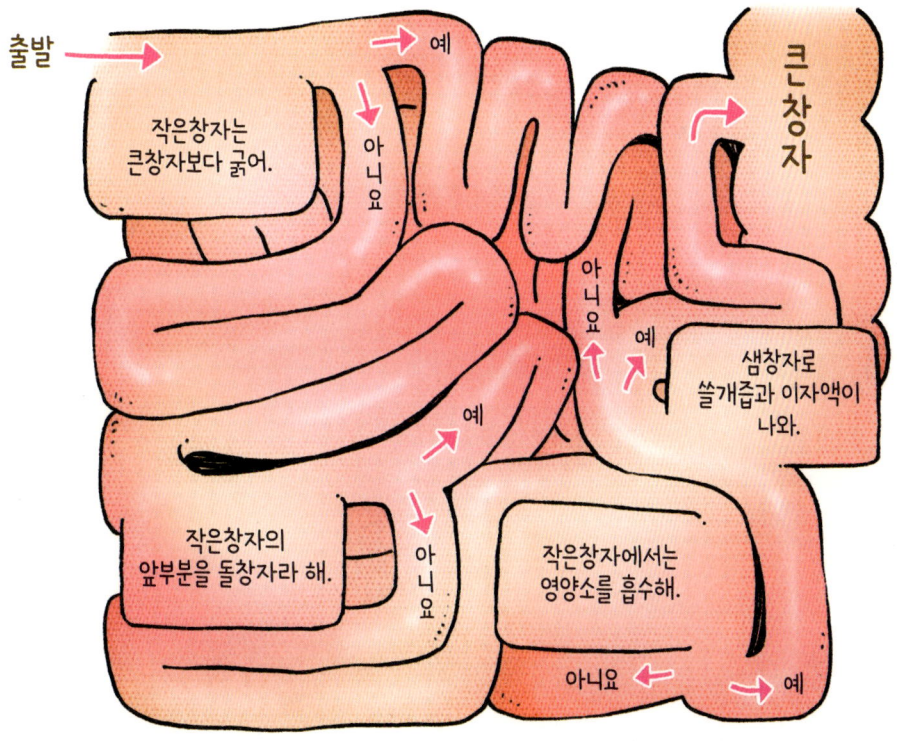

5교시 | 큰창자

큰창자는 어떻게 똥을 만들까?

강아지가 이상한 자세로 서 있네.

윽! 똥을 누고 있잖아.

그런데 똥은 어떻게 만들어지지?

교과연계

초 **6-2** 우리 몸의 구조와 기능
중 **2** 동물과 에너지

멀 봐?

똥이 어떻게 만들어지냐고? 지금부터 알려 주지!

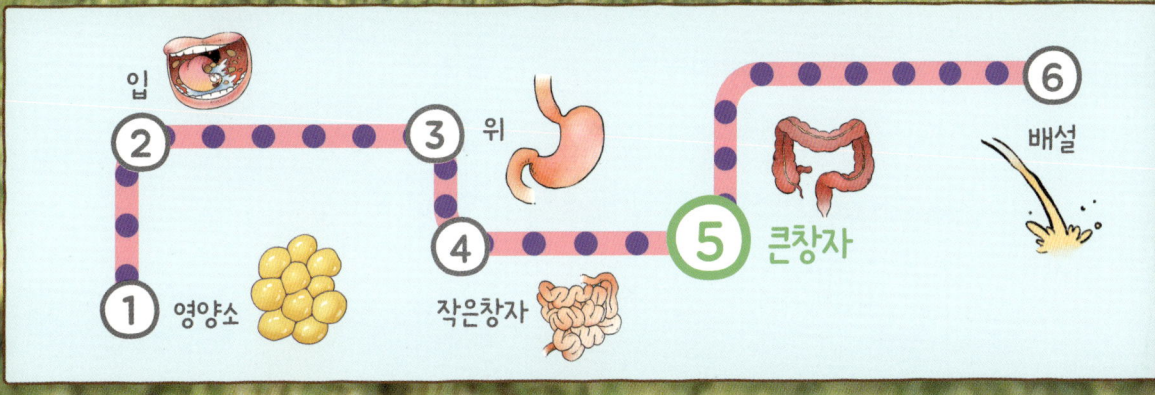

"뽀오옹~."

과학실에 난데없이 방귀 소리가 울려 퍼졌다.

"윽! 방귀 뀐 사람 누구야!"

허영심이 큰 소리로 외치자 장하다의 얼굴이 새빨개졌다. 허영심이 장하다를 무섭게 쏘아보며 물었다.

"야, 냄새가 왜 이렇게 지독하냐?"

"내가 방귀를 뀌고 싶어서 뀌냐? 나도 어쩔 수 없다고."

장하다가 입을 삐죽거리자 곽두기가 거들었다.

"맞아. 방귀는 마음대로 잘 안 되긴 해."

그때 용선생이 과학실로 들어섰다. 허영심이 쪼르르 달려가 괴로운 표정으로 하소연했다.

"선생님, 방귀를 조금만 뀌는 방법 없어요? 아니면 방귀 냄새를 줄일 수 있는 방법이라도요!"

큰창자에서는 무엇이 만들어질까?

"하하, 하다가 또 방귀를 뀌었니?"

"네! 이제 더 이상 못 참겠어요! 방귀를 줄이는 법 좀 알려 주세요."

"그렇다면 어쩔 수 없이 지난 시간에 이어 소화 과정을 계속 알아봐야겠구나. 방귀는 큰창자에서 만들어져. 큰창자는 작은창자 다음에 있는 소화 기관인데, 작은창자 주위를 빙 둘러싼 모양으로 있지."

옆에서 곽두기가 수군거렸다.

"이렇게 순식간에 수업이 시작되다니."

"하하, 그림을 보렴. 큰창자는 굵기가 7~8cm이고 길이는 약 1.5m야. 작은창자의 길이가 6m이니 $\frac{1}{4}$ 정도 되지."

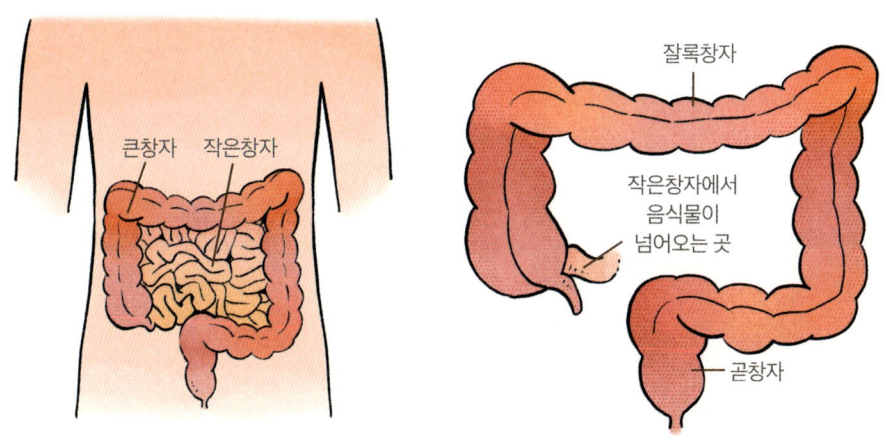

▲ **큰창자의 위치와 생김새** 큰창자는 작은창자를 빙 둘러싼 잘록창자와 끝부분에 있는 곧창자로 이루어져 있어. 곧창자에 똥이 가득차면 똥을 누고 싶어져.

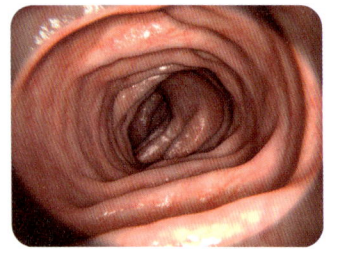

▲ **큰창자의 벽** 작은창자와 달리 벽 표면이 매끈해.

용선생의 과학 현미경

우리 몸에서 물을 가장 많이 흡수하는 소화 기관은 작은창자야. 소화 기관 전체에서는 하루 동안 약 8L의 소화액을 내보내. 소화액에는 물이 많이 포함되어 있지. 이 중 7L는 작은창자에서 다시 흡수하고, 나머지 1L는 큰창자에서 흡수해.

"하지만 굵기는 작은창자보다 훨씬 굵네요."

"맞아. 한마디로 작은창자보다 굵고 짧은 관이야. 큰창자는 굵어서 한 번에 많은 양의 음식물 찌꺼기를 받을 수 있어. 물론 조임근이 입구에서 잘 조절해 주기는 하지만 말이야."

나선애가 지난 필기를 살펴보며 물었다.

"큰창자도 작은창자처럼 융털이 있나요?"

"오, 좋은 질문이야. 큰창자에는 융털이 없어. 작은창자에서 영양소를 대부분 흡수하기 때문에 큰창자에서는 영양소를 많이 흡수할 필요가 없거든."

"그럼 큰창자는 무슨 역할을 해요?"

"큰창자의 가장 큰 역할은 소화하고 남은 것을 똥으로 만들어서 항문을 통해 몸 밖으로 내보내는 거야. 그래서 큰창자는 음식물 찌꺼기가 지나가기 좋게 벽이 매끈해. 사진을 보렴."

"우아! 꼭 동굴 같아요."

"하하, 똥이 탄생하는 동굴이나 마찬가지지. 작은창자에서 넘어온 음식물 찌꺼기에는 아직 소화가 안 된 영양소나 흡수가 덜 된 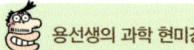이 남아 있어. 큰창자에서 이 물을 마저 흡수하면서 음식물 찌꺼기는 우리가 아는 똥의 모습이 돼.

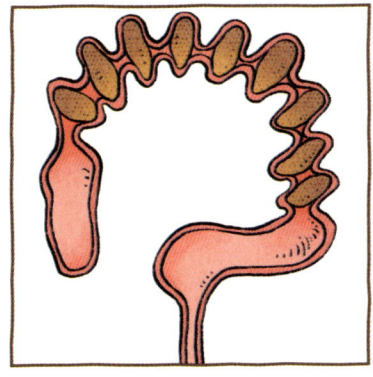
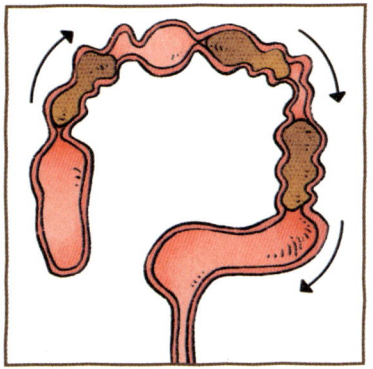

분절 운동 　　　　　　　꿈틀 운동

▲ **큰창자의 기계적 소화** 큰창자는 분절 운동을 하며 똥을 적당한 크기의 덩어리로 나눠. 또 꿈틀 운동을 하며 똥을 조금씩 뒤로 이동시키지.

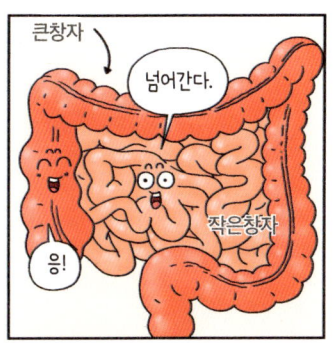

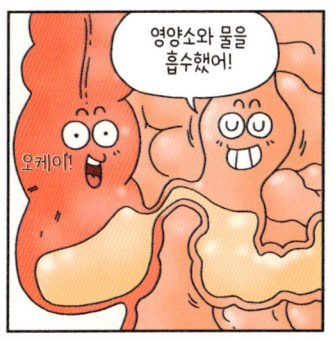

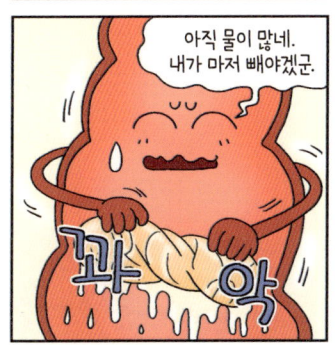

부드러운 덩어리 말이지."

"맞아요. 똥은 부드러워야 누기 좋죠. 헤헤!"

"그런데 똥을 이루는 것 중에는 음식물 찌꺼기나 물 말고도 또 하나가 있어."

"그게 뭔데요?"

"바로 큰창자에 사는 미생물이야. 미생물은 아주 작아서 맨눈으로 볼 수 없는 생물이지. 우리가 누는 똥에서 물을 뺀 나머지의 $\frac{1}{3}$은 사실 미생물이란다."

"네에? 똥의 $\frac{1}{3}$이 미생물이라고요?"

 핵심정리

작은창자에서 소화가 끝난 음식물 찌꺼기는 큰창자로 넘어와. 큰창자에서는 음식물 찌꺼기에 남아 있는 영양소와 물을 흡수한 후 항문을 통해 음식물 찌꺼기를 몸 밖으로 내보내. 이것이 바로 똥이야.

방귀 냄새가 독한 까닭

"사실 미생물은 우리 몸 모든 곳에 살고 있어. 우리 몸무게 중 미생물이 차지하는 무게가 1.5~3kg쯤 될걸?"

그러자 장하다가 자기 몸을 내려다보며 소리쳤다.

"미생물들! 당장 사라져! 몸무게 늘어난다고!"

"안 돼! 미생물들이 없어지면 큰일 나."

"왜요?"

"미생물 중에는 우리 몸에서 분해하지 못하는 영양소를 대신 분해해 주는 것도 있고, 직접 얻을 수 없는 영양소를 만들어 주는 것도 있어. 미생물도 다 우리 몸에 필요한 법이지."

"아, 정말요?"

"응. 특히 작은창자와 큰창자 같은 소화 기관에 사는 미생물을 '장내 미생물'이라고 해. 장내 미생물은 주로 세균인데, 이 중에는 이로운 균도 있고, 해로운 균도 있고, 상황에 따라 이로웠다 해로웠다 왔다 갔다 하는 중간 균도 있어."

"이로웠다 해로웠다 하다니, 줏대가 없네요."

"하하, 그런 균도 필요한 거지."

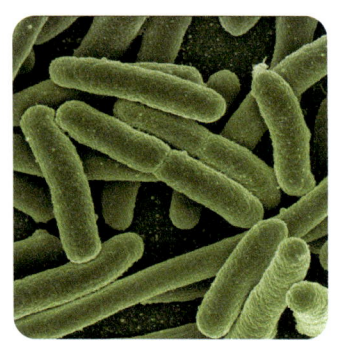
▲ 장내 미생물 중 하나인 대장균

"해로운 균이 많으면 어떻게 돼요?"

"큰창자에 해로운 균이 많으면 방귀가 자주 나오고 냄새가 지독해. 해로운 균들이 음식물 찌꺼기를 분해하고 내보내는 기체에서 지독한 냄새가 나거든."

그러자 장하다가 배를 내려다보며 말했다.

"방귀 냄새의 범인은 제 큰창자에 사는 해로운 균들이었군요."

"하하, 그리고 똥 색깔도 평소에 누던 노란색이나 갈색이 아니라 검붉은 색을 띨 수 있어. 똥의 질감도 부드러운 덩어리가 아니라 너무 묽거나 딱딱할 수 있지. 이런 증상이 보이면 해로운 균이 너무 많은 건 아닌지 의심해 봐야 해."

장하다가 그림을 보며 걱정스러운 표정으로 물었다.

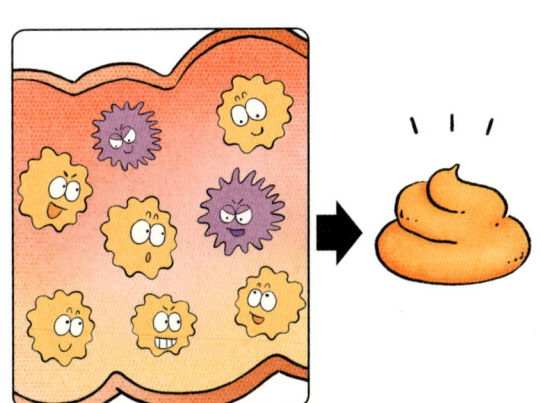

▲ **이로운 균과 해로운 균이 균형을 이루는 큰창자**
이로운 균이 85%, 해로운 균이 15%를 차지할 때 균형을 이루어. 그러면 건강한 갈색 똥이 나와.

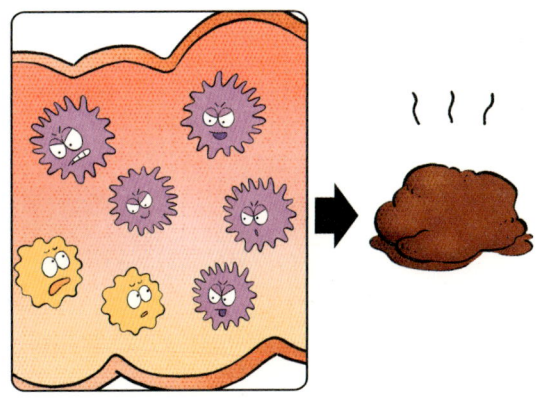

▲ **해로운 균이 더 많아진 큰창자** 방귀가 자주 나오고 냄새가 지독해. 그리고 똥이 너무 묽거나 딱딱하고 검붉은 색을 띠어.

"선생님. 제 방귀의 양과 냄새를 보면 해로운 균이 너무 많은 것 같아요. 해로운 균을 어떻게 없애 버리죠?"

핵심정리

우리 몸의 소화 기관에는 수많은 장내 미생물이 살아. 그중에는 이로운 균, 해로운 균, 중간 균이 있어. 방귀나 똥의 상태를 확인하면 소화 기관이 건강한지 확인할 수 있어.

 ## 방귀를 참으면 어떻게 될까?

"그렇다고 해로운 균을 모두 없애는 건 좋지 않아."
"또 왜요?"
"해로운 균이 어느 정도 있어야 이로운 균이 자극을 받아서 활발히 활동할 수 있거든. 이로운 균, 중간 균, 해로운 균이 균형을 이루는 게 가장 좋지."
"해로운 균이 적당히 있는 게 아닌 것 같으니까 문제죠. 제 방귀 냄새 좀 맡아 보시라고요!"
"음……. 하긴 하다는 해로운 균을 조금 줄이긴 해야겠구나. 그럼 당분간 고기를 적게 먹어 봐. 해로운 균은 지방이나

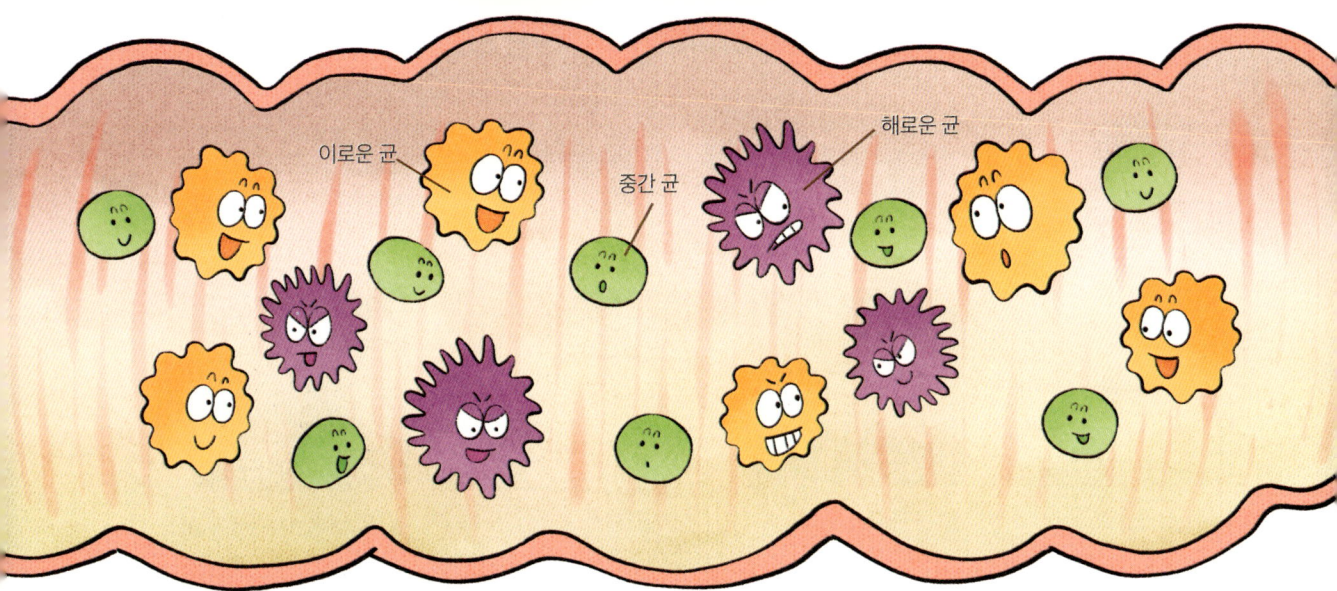

▲ **소화 기관 속의 장내 미생물** 큰창자에 사는 장내 미생물 중 일부가 똥과 함께 몸 밖으로 나가지만 큰창자에 남은 장내 미생물이 금세 수를 늘려. 이러한 과정으로 장내 미생물의 종류와 수는 일정하게 유지돼. 소화 기관이 건강하려면 이로운 균과 해로운 균, 중간 균이 균형을 이루어야 해.

단백질을 좋아해서 고기를 많이 먹으면 늘어날 수 있거든."

순식간에 장하다의 표정이 어두워졌다.

"고기를 적게 먹으라고요?"

"응. 그리고 이로운 균을 늘리려면 채소나 과일을 많이 먹으면 돼. 미역이나 다시마 같은 해조류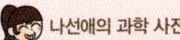도 좋고."

"안 돼애애애애!"

장하다가 머리를 감싸 쥐며 소리치자 다른 아이들이 깔깔대며 웃었다. 용선생이 장하다를 위로하며 말했다.

"소화 기관이 건강할 때에도 채소나 과일을 꾸준히 먹으며 이로운 균을 잘 유지해야 해. 너희 혹시 유산균이라고 들어 봤니?"

> **나선애의 과학 사전**
>
> **해조류** 바다에 살며, 햇빛을 받아 직접 양분을 만드는 생물을 가리키는 말이야. 우리가 많이 먹는 미역, 다시마, 김 등이 해조류에 속해.
>
>
> 미역

이로운 균 주로 소화가 잘되게 해 주는 유산균이야. 아래 있는 균들이 유산균에 속하지.	해로운 균 식중독이나 장염 등 질병을 일으켜서 배가 아프거나 설사를 하게 만들어.
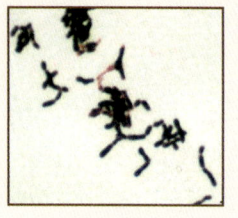 ▲ 비피두스균 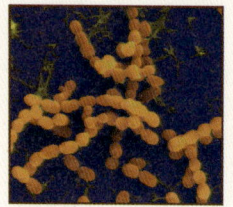 ▲ 락토바실러스균	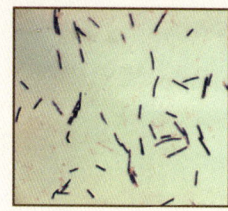 ▲ 웰치균 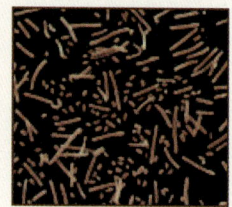 ▲ 클로스트리듐 디피실리균
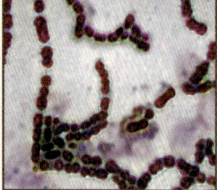 ▲ 연쇄상 구균	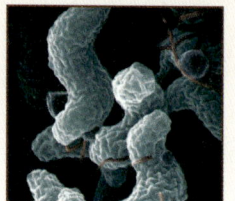 ▲ 캄필로박터균

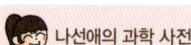

나선애의 과학 사전

식이 섬유 수많은 당이 복잡하게 결합된 탄수화물로, 섬유소 혹은 셀룰로스라고도 해. 식이 섬유가 분해되어 생긴 물질은 우리 몸에서 여러 가지 질병을 예방하고 치료하는 역할을 해.

"유산균이요? 어디서 들어 본 것 같긴 한데……."

"유산균은 큰창자에 살면서 소화가 잘되게 해 주는 이로운 균들을 말해. 유산균은 채소와 과일에 많이 든 **식이 섬유**란 영양소를 분해해. 식이 섬유는 우리 몸에서 소화할 수 없는 영양소라서 큰창자까지 분해되지 않은 채로 내려오는데, 이것을 유산균이 분해하지. 유산균이 분해하고 내보내는 물질은 우리 몸에 이롭단다."

"그래서 어른들이 채소를 먹으라고 하시는 거군요?"

"그럼! 또 식이 섬유는 소화되지 않은 채로 내려와서 큰창자를 청소하듯 깨끗이 밀고 내려가지. 큰창자가 아주 건강해지겠지?"

장하다가 결심한 듯 말했다.

"좋아요. 오늘부터 채소와 과일을 많이 먹어 볼게요. 다들 내 방귀 냄새가 어떻게 달라질지 기대하라고."

아이들이 얼굴을 찌푸리며 코를 막았다. 용선생이 목소리를 가다듬고 다시 말했다.

"방귀를 뀌고 싶을 때에는 참지 말고 뀌어. 방귀를 자주 참으면 큰창자에 방귀가 차서 소화가 잘 안 되고……."

장하다가 톡 끼어들며 의기양양하게 말했다.

"거봐. 앞으로 방귀를 뀌어도 너무 구박하지 말라고."

"방귀가 계속 몸속에 있으면 결국 혈액으로 흡수돼. 그래서 온몸을 돌다가 오줌이 되기도 하고, 숨을 내쉴 때 입으로 나오기도 하지."

"윽! 방귀가 입으로 나온다고요?"

"다들 장하다 입 막아!"

"하하하! 그럼 오늘 수업은 여기까지!"

> **핵심정리**
>
> 단백질이나 지방이 든 고기를 많이 먹으면 장내 미생물 중 해로운 균이 늘고, 식이 섬유가 든 채소나 과일을 많이 먹으면 이로운 균이 늘어. 식이 섬유를 분해하는 유산균은 소화가 잘되게 해 줘.

나선애의 정리노트

1. 큰창자의 생김새와 특징
① 7~8cm 굵기에 약 1.5m 길이로 작은창자보다 짧고 굵음.
② 작은창자를 둘러싸고 있음.

2. 큰창자의 소화 작용
① ⓐ [　　　]에서 넘어온 음식물 찌꺼기에 남아 있는 물과 약간의 영양소를 흡수함.
② 음식물 찌꺼기를 ⓑ [　]으로 만들어 몸 밖으로 내보냄.

3. 똥
① 소화되고 남은 음식물 찌꺼기와 물, 장내 미생물 등으로 이루어짐.
② 큰창자에서 만들어져 항문으로 나옴.

4. ⓒ [　　　　　]
① 우리 몸에 있는 미생물 중 작은창자와 큰창자 등 소화 기관에 사는 미생물
② 소화를 돕는 이로운 균, 질병을 일으키는 해로운 균, 상황에 따라 달라지는 중간 균이 있음.
③ 대표적인 이로운 균으로 ⓓ [　　　　]를 분해하는 유산균이 있음.

ⓐ 작은창자 ⓑ 똥 ⓒ 장내 미생물 ⓓ 젖당

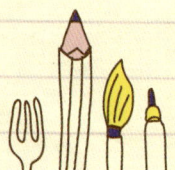

 **과학퀴즈** 달인을 찾아라!

●정답은 119쪽에

01

친구들이 이번 시간에 배운 내용에 대해 이야기하고 있어. 옳으면 O, 옳지 않으면 X를 표시해 줘.

① 큰창자는 작은창자보다 길어. (　)
② 큰창자에서는 음식물 찌꺼기를 똥으로 만들어. (　)
③ 방귀나 똥의 상태를 보면 소화 기관이 건강한지 알 수 있어. (　)

02

아래 설명을 보고 네모 칸에 있는 글자를 가로, 세로 혹은 대각선으로 연결해서 알맞은 말을 찾아봐.

① 큰창자에서는 음식물 찌꺼기에서 물을 ○○해 똥으로 만들어.
② 큰창자에는 장내 ○○○이 많이 살아.
③ ○○ ○○가 든 채소나 과일을 많이 먹으면 큰창자가 건강해져.

식	도	간	미
이	혀	생	소
섬	물	흡	화
유	쓸	수	액

| 용선생의 과학 카페 | 용선생의 한국사 카페 | 용선생의 세계사 카페 |

https://cafe.naver.com/yongyong

용선생의 과학 카페

과학계의 핵인싸,
용선생의 과학 카페에
오신 걸 환영합니다.

Log in

MENU

물리면 아프다
화학이 화하하
생물 오징어
지구는 둥글다

우리 몸을 통과하는 터널

우리 몸 한가운데를 뚫고 지나가는 터널이 있다는 거 아니? 바로 소화 기관이야. 소화 기관은 입에서 식도, 위, 작은창자, 큰창자를 거쳐 항문까지 하나의 길로 이어져 있어. 그것도 항문을 향해 한 방향으로만 이동하는 터널이지.

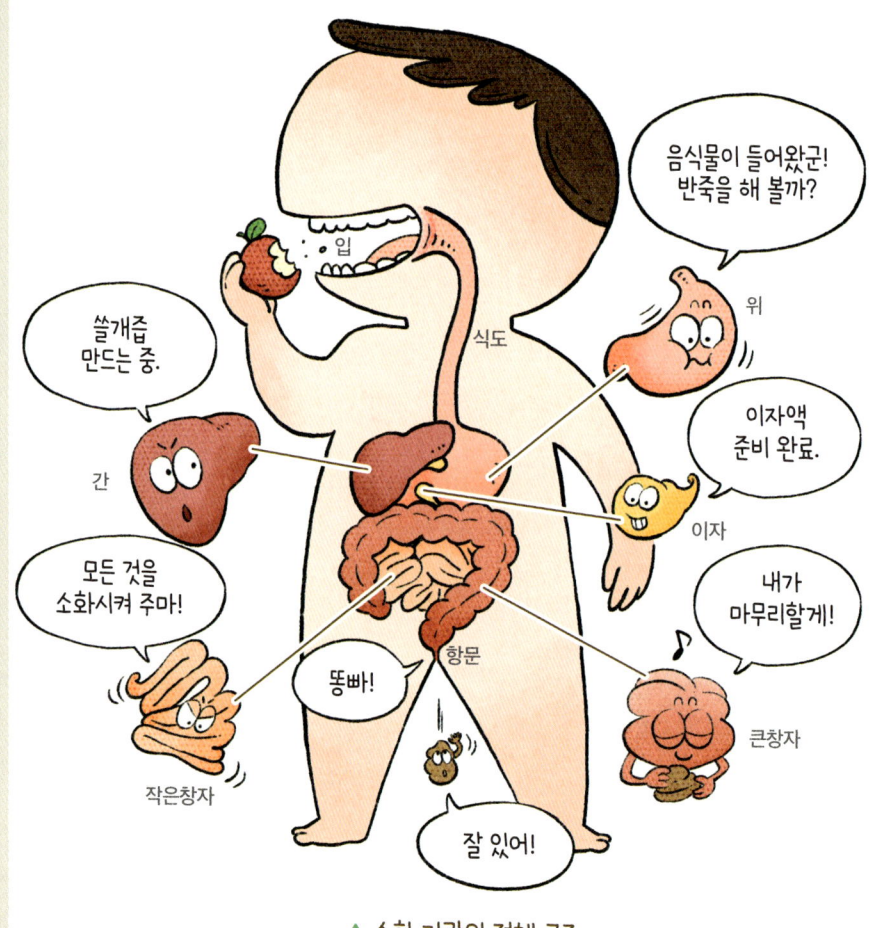

▲ 소화 기관의 전체 구조

만약 네가 입을 크게 벌린 상태에서 모든 소화 기관의 조임근이 활짝 열렸다고 상상해 봐. 목구멍과 항문까지 몽땅 말이지. 그때 입으로 바람이 불어 들어온다면 어떻게 될까? 그 바람은 아무런 방해도 받지 않고 식도, 위, 작은창자, 큰창자를 지나 항문으로 빠져나갈 거야. 마치 도넛 구멍으로 바람이 지나가듯이 말이야.

이게 무슨 말이냐고? 어쩌면 음식물이 지나가는 소화 기관 안쪽도 우리 몸의 바깥쪽과 같다는 거야. 도넛의 구멍 부분이 도넛 속이 아니라 겉 부분인 것처럼 말이야.

- 장하다의 오답을 피하는 방법
- 나선애의 야무진 실험실
- 왕수재의 아는 척 과학교실
- 허영심의 별 헤는 밤
- 곽두기의 빅뱅 따라잡기

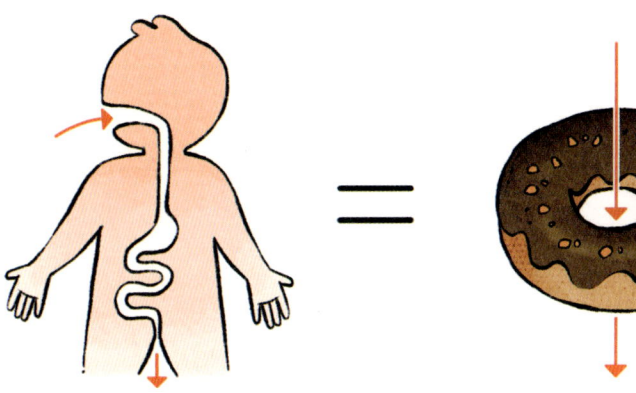

이처럼 소화 기관은 우리 몸 안에 있지만, 바깥으로 드러나 있다고도 볼 수 있어. 그래서 과학자들은 소화 기관의 내부를 우리 몸의 외부라고 말하기도 해. 어때? 몸 안인 듯 밖인 듯 헷갈리는 소화 기관의 구조가 참 신기하지 않니?

COMMENTS

- 소화 기관이 몸 바깥쪽이었다니!
  - 그래서 소화액에는 병균을 없애는 물질도 들어 있지.
  - 그래요? 그럼 이제부터 침으로 소독해야지.
  - 워워! 네 몸속만 소독하렴.

6교시 | 배설

오줌은 왜 생길까?

그러게 미리 화장실에 다녀왔어야지.

아, 오줌 마려워! 나 급해!

교과연계

초 **6-2** 우리 몸의 구조와 기능
중 **2** 동물과 에너지

곽두기가 허겁지겁 과학실로 들어오자 용선생이 말했다.
"화장실 잘 다녀왔니?"
"어휴, 너무 오래 참아서 하마터면 쌀 뻔했어요."
"앞으로는 오줌이 마려울 때 바로바로 화장실에 가렴."
"선생님, 오줌은 대체 왜 나오는 거예요? 화장실 가기 귀찮은데."
"귀찮아도 우리 몸이 건강하려면 오줌이 나와야 해."
"왜요?"

 **똥 누는 게 배설이 아니라고?**

"자, 소화 기관에서 음식물을 소화하고 영양소를 흡수한다고 했지? 이렇게 흡수한 영양소를 이용해 세포들이

에너지를 내는 과정에서 몸에 해롭거나 필요 없는 물질이 생겨. 이런 물질을 노폐물이라고 해. 노폐물은 꼭 몸 밖으로 내보내야 하지."

"노폐물? 그럼 오줌이 노폐물이에요?"

"아니, 오줌 속에 노폐물이 들어 있는 거야. 노폐물로는 이산화 탄소와 물, 암모니아가 있어."

"물이 노폐물이라고요? 물은 영양소잖아요."

"물도 쓰고 남으면 노폐물이 돼. 우리 몸에 더 이상 필요가 없을 때 말이야."

"아, 그렇군요."

"노폐물 중 이산화 탄소는 폐로 갔다가 숨을 내쉴 때 코와 입으로 나가. 이처럼 내쉬는 숨을 날숨이라고 하지. 물은 날숨을 통해 수증기 형태로도 나가고, 피부에서 땀으로도 나가고, 오줌으로도 나가지. 이렇게 우리 몸이 노폐물을 몸 밖으로 내보내는 것을 배설이라 해. 그리고 배설에 관한 일을 하는 기관을 배설 기관이라 하지."

"똥 누는 것도 배설이죠?"

"아니, 똥 누는 건 배설이 아니라 배출이라고 해. 똥은 노폐물과 구분해서 부르거든."

"배출이요? 똥 누는 걸 왜 배출이라고 해요?"

 용선생의 과학 현미경

몸속에서 만들어진 이산화 탄소는 폐로 이동해서 숨을 내쉴 때 코나 입으로 나가. 우리가 내뱉는 공기의 3%는 이산화 탄소야. 이는 우리가 숨 쉬면서 들이마시는 공기 중 이산화 탄소보다 100배나 많은 양이지.

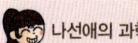 **나선애의 과학 사전**

배설 밀어낼 배(排), 흘러나올 설(泄). 몸에서 생겨났지만 해롭거나 필요 없는 물질, 즉 노폐물을 몸 밖으로 내보내는 걸 말해. 오줌을 누는 것뿐 아니라 땀을 흘리는 것도 배설이야.

"노폐물이 뭔지 다시 한 번 짚어 볼까? 노폐물은 세포들이 영양소를 이용해 에너지를 내는 과정에서 새로 생긴 물질이야. 즉, 우리 몸에서 만들어 냈지만 몸에 해롭거나 더 이상 필요가 없어서 내보내야 하는 물질이지. 그래서 노폐물을 내보내는 것만 배설이라고 하고, 똥을 내보내는 것은 배출이라고 구분하는 거야."

"그럼 똥은 노폐물이 아니면 뭐예요?"

"똥은 우리가 먹은 음식물이 소화되고 남은 찌꺼기일 뿐이야. 우리 몸에서 새로 생긴 물질이 아니지."

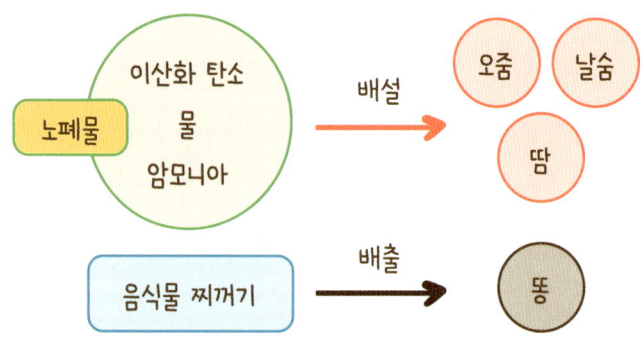

"아아, 그렇군요! 그렇다면 이제부터 똥을 배출하러 간다고 해야겠어요."

"하하! 그래도 좋다만 그냥 똥 누러 간다고 해도 돼."

세포들이 영양소를 이용해 에너지를 낼 때 우리 몸에 해롭거나 필요 없는 노폐물이 생겨. 노폐물로는 물과 이산화 탄소, 암모니아가 있지. 노폐물을 날숨이나 땀, 오줌을 통해 몸 밖으로 내보내는 것을 배설이라 해.

 오줌은 하루에 얼마나 생길까?

"선생님, 암모니아를 빠뜨리셨어요. 암모니아는 어디로 나가요?"

"암모니아는 오줌과 땀으로 나가. 암모니아가 단백질을 분해할 때 생기는 물질이란 것 기억나니?"

"네! 고약한 냄새가 난다는 것도요."

나선애가 미간을 찌푸리며 중얼거렸다.

"하하, 암모니아는 그 냄새만큼이나 독성이 강한 물질이야. 그래서 일단 간으로 가서 독성이 약한 물질로 바뀌지."

"그럼 간에서 오줌을 만드는 거예요?"

"아니. 간에서 독성이 약해진 뒤에 혈관을 타고 콩팥으

 용선생의 과학 현미경

암모니아는 간에서 독성이 약한 '요소'라는 물질로 바뀌어. 요소는 동물의 오줌에 많이 들어 있으며, 요소의 요 자는 오줌 요(尿) 자야.

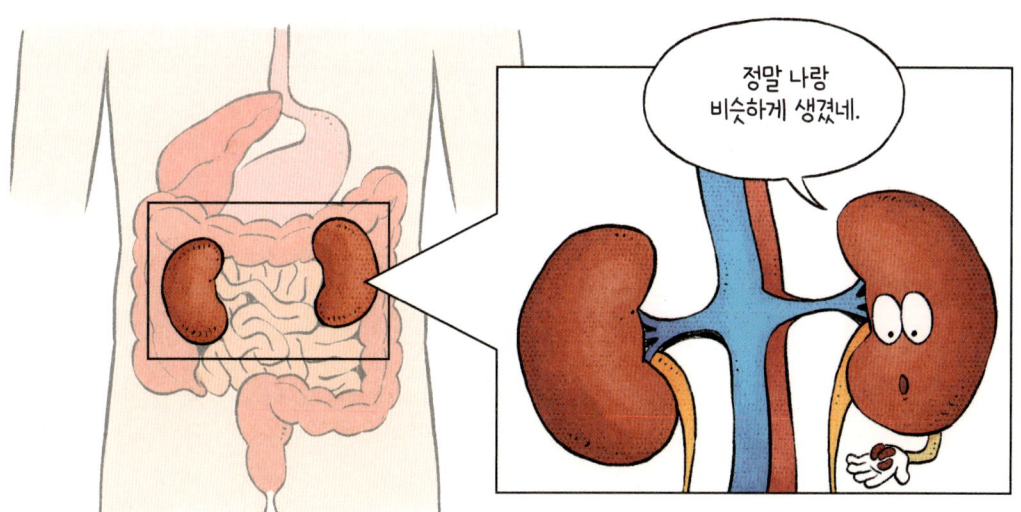

▲ **콩팥의 위치와 모양** 허리 뒤쪽 좌우에 하나씩 두 개가 있어. 실제로는 작은창자와 큰창자 뒤에 있지. 오른쪽 콩팥은 바로 위에 간이 있어서 왼쪽 콩팥보다 약간 아래에 있어.

로 가서 오줌이 돼."

"콩팥은 두 개네요? 정말 콩 두 알이 붙어 있는 것처럼 생겼어요."

"맞아. 콩처럼 생기고 팥처럼 붉은색을 띠어서 콩팥이란 이름이 붙었어. 크기는 주먹만 하고 허리 뒤쪽으로 양쪽에 하나씩 있지."

"왠지 귀여워."

허영심이 감탄하자 용선생이 빙긋 웃었다.

"간에서 온 노폐물은 혈액과 함께 콩팥 가운데 부분으로 들어와서 겉 부분으로 퍼져. 콩팥 겉 부분에서는 마치 흙탕물을 거름종이에 거르듯 혈액에서 노폐물을 걸러 낸 뒤 방광으로 보내지."

"방광? 그거 오줌 주머니 아니에요?"

"맞아. 정확히 말하면 오줌을 저장하는 기관이야. 방광에 오줌이 쌓이면 오줌이 마려워지고 그러면……."

"화장실로 달려가겠죠!"

"그렇지! 하루 동안 콩팥으로 들어가는 혈액의 양은 약 200L인데, 이 중 1.5~2L가 오줌으로 걸러져 나와."

용선생의 과학 현미경

콩팥에서 노폐물을 거르는 겉 부분을 네프론이라고 해. 두 개의 콩팥에 네프론이 약 250만 개 있어.

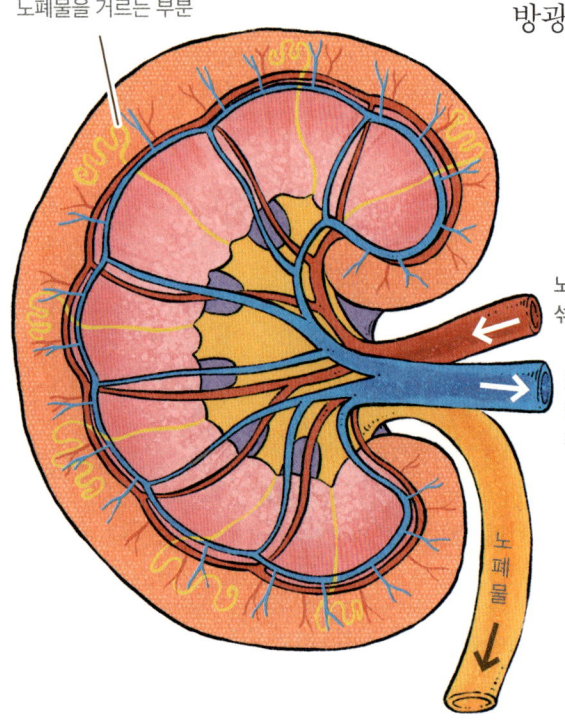

◀ **콩팥의 구조** 노폐물은 콩팥 겉 부분에서 걸러진 뒤 방광으로 가.

"선생님, 그런데 어떤 날은 오줌이 많이 나오고 어떤 날은 적게 나오고 그러던데요?"

"그럴 수 있어. 오줌의 양은 상황에 따라 달라지거든."

그러자 두기가 손을 번쩍 들고 말했다.

"저 왜 그런지 알아요! 물을 많이 먹으면 오줌이 많이 나와요. 맞죠?"

용선생이 배시시 웃으며 대답했다.

"하하, 맞아. 물을 많이 마시면 오줌에 물이 많아져서 오줌의 양이 많아져. 정답!"

"야호!"

"대신 물이 많아지니 오줌이 훨씬 묽어지지. 색깔도 연해지고 말이야."

"그렇겠네요. 물이 많이 섞이면 연해지니까요."

"그런데 오줌은 땀에 따라서도 양이 달라져."

"땀이요?"

 **핵심정리**

암모니아는 간에서 독성이 약한 물질로 바뀐 뒤 콩팥으로 가서 오줌의 성분이 돼. 오줌은 방광에 저장되었다가 몸 밖으로 배설돼.

피부에서도 배설이 일어난다고?

"아까 노폐물이 피부에서 땀으로도 나간다고 했지? 땀을 얼마나 흘리느냐에 따라 오줌의 양이 달라지기도 해. 땀을 많이 흘리는 여름에는 다른 계절에 비해 오줌을 적게 누고, 땀을 적게 흘리는 겨울에는 오줌을 많이 누지."

"오, 그럼 땀이 나오는 피부도 배설을 하는 거예요?"

"그렇지. 피부를 자세히 확대해 보면 털과 땀구멍이 있어. 땀구멍 바로 아래에는 땀이 만들어지는 땀샘이 있지. 땀샘은 가는 관이 실 뭉치처럼 작게 뭉쳐 있는 모양이야. 이 주변을 모세 혈관이 둘러싸고 있단다."

"와, 땀구멍 엄청 작아서 잘 보이지도 않는데, 그 조그만 땀구멍 아래에 모세 혈관으로 둘러싸인 복잡한 땀샘이 있

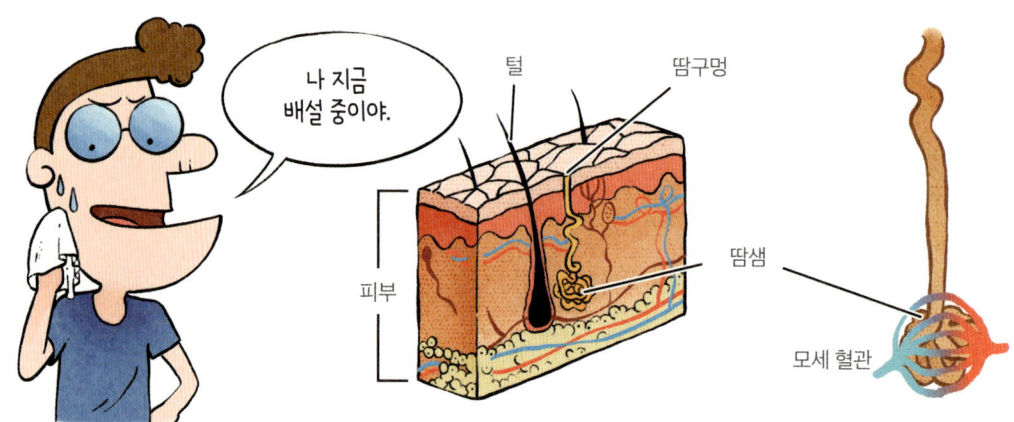

▲ **땀샘의 구조** 땀샘에서는 모세 혈관 속의 노폐물을 걸러서 땀구멍을 통해 피부 밖으로 내보내.

네요. 신기해요."

"하하, 땀샘에서는 모세 혈관을 흐르는 혈액에서 노폐물만 걸러서 모아. 그리고 이것을 땀구멍을 통해 몸 밖으로 내보내지. 그게 바로 땀이란다."

"축구할 때 내 이마에 땀이 줄줄 흐르는 게 다 땀샘 때문이었군."

"우리 몸에는 땀구멍이 200만~400만 개나 있어. 이곳으로 매일같이 500~1,000mL(밀리리터)의 땀이 나오지. 아주 더운 여름에 심한 운동을 하면 그보다 10배나 많이 나올 수도 있어."

"우유 팩에 보면 500mL, 1,000mL라고 쓰여 있던데, 하루 동안 땀이 그렇게 많이 나온다고요?"

"그렇다니깐."

곽두기가 혀를 쭉 내밀며 놀라는 표정을 지었다.

"땀을 흘리면 노폐물을 내보낼 뿐 아니라 체온도 일정하게 유지할 수 있어. 사실 이게 땀의 가장 중요한 역할이지."

"땀이 어떻게 체온을 유지해요?"

"더운 날씨에 땀을 흘리면 몸이 시원해져. 땀이 나서 피부가 땀에 젖으면 땀에 있는 물이 마르면서 피부의 열을 빼앗아 가거든. 그래서 땀을 흘리고 나면 체온이 낮아진단다."

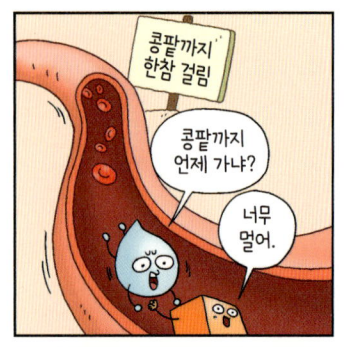

"맞아요! 축구하고 땀을 한바탕 흘리고 나서 바람이 불면 얼마나 시원한데요."

"그럼 겨울에는요?"

"겨울에는 땀을 잘 내보내지 않아. 땀을 흘리면 열이 빠져나가서 몸이 추워질 수 있으니까 말이야."

"이야, 땀이 생각보다 중요한 일을 하네요."

"이런 이유로 땀은 오줌에 비하면 물이 훨씬 많고 노폐물이 아주 적어. 그래서 오줌보다 냄새도 덜 나지."

"다행이다. 땀에서는 오줌 냄새가 안 나서."

"땀에서 오줌 냄새라니, 생각만 해도 싫다."

아이들이 괜히 호들갑을 떨며 손 부채질을 했다. 허영심이 고개를 갸웃하며 물었다.

"그런데 땀을 많이 흘리면 땀 냄새가 나잖아요. 오줌 냄새는 아니지만 그것도 꽤 고약하던데요."

"맞아. 땀 냄새 참 싫지? 땀 냄새는 땀 자체에서 나는 게 아니야. 피부에 사는 세균들이 땀에 있는 노폐물을 분해할 때 생겨난 물질에서 나는 거지. 땀 냄새가 안 나게 하려면 몸을 잘 씻으면 돼."

곽두기가 손을 들고 말했다.

"선생님, 오줌이 많이 마려울 때 일부러 운동을 해서 땀

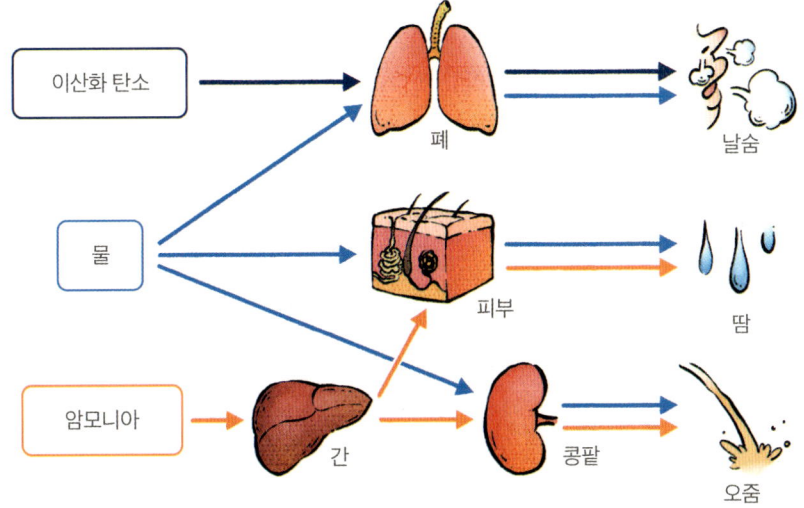

▲ 노폐물이 배설되는 과정

을 많이 흘리면 오줌이 덜 마렵나요?"

"아니, 오줌이 마렵다고 느낄 때에는 이미 늦었어. 방광이 꽉 차 있으니 말이야. 땀을 많이 흘려도 소용없단다."

"오줌 마려울 땐 화장실에 가는 것밖에 방법이 없네요."

"그래. 잘 알았지? 오줌은 마려울 때 바로바로 누도록. 이것으로 소화와 배설에 관한 수업 끝!"

> **핵심정리**
>
> 피부 아래에 있는 땀샘에서는 혈액에서 노폐물을 걸러 땀구멍으로 보내. 땀구멍에서는 피부 밖으로 땀을 내보내며 노폐물을 배설해. 땀은 체온을 일정하게 조절하는 역할도 해.

# 나선애의 정리노트

1. 노폐물과 배설
① 노폐물
- 몸속 세포들이 영양소를 분해해 @ 를 내는 과정에서 생긴 물질 중 우리 몸에 해롭거나 필요 없는 물질.
- 물, 이산화 탄소, ⓑ 가 있음.

② 배설
- 노폐물을 몸 밖으로 내보내는 것
- 날숨이나 땀, ⓒ 을 통해 노폐물을 배설함.

2. 배설 기관
① ⓓ
- 모양이 콩처럼 생기고 색깔이 팥처럼 붉음.
- 주먹만 한 크기로 허리 뒤쪽에 두 개가 있음.
- 노폐물을 걸러 내어 ⓔ 으로 보냄.

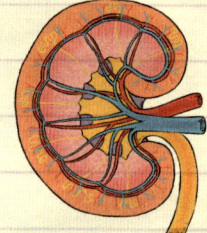

② 땀샘
- 혈액에서 노폐물을 걸러 내 피부의 땀구멍으로 땀을 내보냄.
- 땀의 양을 조절해 체온을 유지하는 역할도 함.

ⓐ 에너지 ⓑ 암모니아 ⓒ 오줌 ⓓ 콩팥 ⓔ 오줌관

 과학퀴즈 달인을 찾아라!

●정답은 119쪽에

01

친구들이 이번 시간에 배운 내용에 대해 이야기하고 있어. 옳으면 O, 옳지 않으면 X를 표시해 줘.

① 노폐물을 몸 밖으로 내보내는 것을 배설이라 해. (   )
② 오줌은 간에서 만들어져. (   )
③ 똥은 노폐물이야. (   )

02

다음 보기 의 글에서 괄호에 들어갈 말을 순서대로 이으면 어떤 모양이 나온대. 정답을 찾아 어떤 모양이 나오는지 그려 봐.

> 보기
>
> □□□를 낼 때 물, □□□ □□, 암모니아가 만들어지는데,
> 이 중 우리 몸에 해롭거나 필요 없는 물질을 □□□이라 해.
> 우리 몸은 날숨과 땀, □□으로 이것을 내보내.

출발/도착

노폐물   이산화 탄소

에너지   오줌

https://cafe.naver.com/yongyong

용선생의 과학 카페

과학계의 핵인싸, 용선생의 과학 카페에 오신 걸 환영합니다.

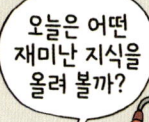

오늘은 어떤 재미난 지식을 올려 볼까?

MENU
물리면 아프다
화학이 화하하
생물 오징어
지구는 둥글다

똥과 오줌의 몸속 탈출 이야기

🔵오줌 똥 너는 어떻게 큰창자에서 배출됐니?

🟠똥 난 입에서 으깨지고, 위에서 죽이 되고, 창자에서 모든 걸 빼앗겼어. 곧창자에 도착했을 땐 여길 나가야 한다는 생각뿐이었지.

🔵오줌 어떻게 나가려고 했는데?

🟠똥 곧창자 끝에 있는 항문이 우리의 탈출구였어. 조임근이 꽉 조이고 있어서 굳게 닫혀 있었지만 말이야.

🔵오줌 항문으로 나가야 했구나. 그래서 어떻게 했어?

🟠똥 똥들이 계속 곧창자로 오니까 곧창자가 꽉 차서 버틸 수 없는 지경이 됐어. 그때 주인이 말했지. "똥 마려워."

🔵오줌 곧창자가 꽉 차니까 똥이 마렵다고 느낀 거구나!

🟠똥 응. 우리는 항문을 힘껏 밀기 시작했어. 모두가 힘을 합치니까 조임근이 느슨해지며 굳게 닫혀 있던 항문이 활짝 열렸어. 그리고 우린 배출되었지!

🔵오줌 축하해! 정말 힘겨운 과정 끝에 배출됐구나.

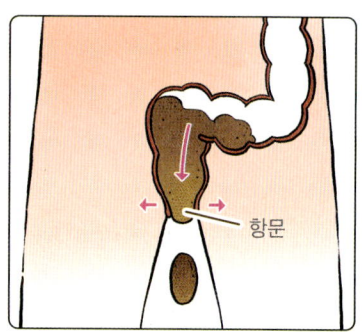

▲ **똥이 나오는 과정** 곧창자에 똥이 가득 차면 똥이 마려워져. 똥을 눌 때에는 조임근이 느슨해지며 항문이 열려서 똥이 몸 밖으로 배출돼.

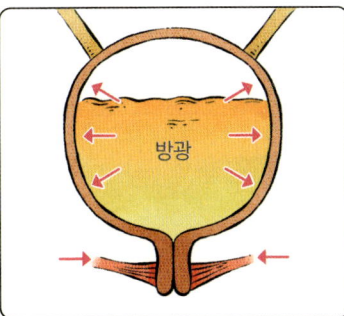 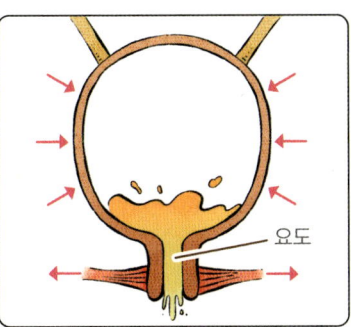

▲ **오줌이 나오는 과정** 방광에 오줌이 가득 차면 오줌이 마려워져. 오줌을 눌 때에는 조임근이 느슨해지면서 요도가 열려서 오줌이 몸 밖으로 배설돼.

- 똥: 오줌 너는 어떻게 배설됐니?
- 오줌: 난 방광에 도착해 조용히 때를 기다렸어. 방광 아래쪽에 작은 터널처럼 생긴 요도가 있었어. 그곳이 우리의 탈출구였지. 그곳도 조임근이 출구를 꽉 조여서 굳게 닫혀 있었어.
- 똥: 요도로 나가야 했구나. 그래서 어떻게 했어?
- 오줌: 조금 지나자 방광 천장까지 오줌이 차올랐어. 그때 주인이 말했지. "오줌 마려워."
- 똥: 방광이 가득 차니까 오줌이 마렵다고 느낀 거구나!
- 오줌: 응. 잠시 후 조임근이 느슨해지며 요도가 열렸어. 우린 순식간에 요도로 빨려 들어갔고, 정신을 차렸을 때에는 이미 몸 밖으로 배설된 후였지!
- 똥: 너도 정말 힘겨운 과정 끝에 배설됐구나.
- 오줌: 응. 힘들어도 참고 견디면 행복한 순간이 오더라고.
- 똥: 맞아. 다 같이 힘을 합하면 어려움을 이겨낼 수 있어.

사이드 메뉴
- 장하다의 오답을 피하는 방법
- 나선애의 야무진 실험실
- 왕수재의 아는 척 과학교실
- 허영심의 별 헤는 밤
- 곽두기의 빅뱅 따라잡기

COMMENTS
- 더럽지만 감동적이야….
  └ 똥오줌에게도 배울 점이 있구나.
- 결론. 꽉 차면 마렵다.
  └ 선애가 핵심을 간파했군.

가로세로 퀴즈

소화와 배설에 관한 가로세로 퀴즈야. 빈칸을 채워 봐.
띄어쓰기는 무시해도 돼.

가로 열쇠

① 위 바로 아래에 위치한 기관으로, 작은창자의 앞부분인 샘창자로 이자액을 보냄.
② 우리 몸을 구성하며, 생명 활동을 보조하는 영양소
③ 우리 몸에 들어온 음식물을 세포가 흡수할 수 있는 형태로 작게 분해하는 과정
④ 우리 몸에서 주로 에너지를 내는 데 쓰이는 영양소
⑤ 단백질, 탄수화물, 지방을 소화하고, 영양소를 흡수하는 소화 기관
⑥ 몸에 저장되었다가 비상시에 에너지를 내는 데 쓰이는 영양소
⑦ 단백질이 소화되는 과정에서 만들어지는 노폐물
⑧ 소화 기관에서 음식물을 분해하기 위해 내보내는 액체를 통틀어 이르는 말로, 침, 위액, 쓸개즙, 이자액 등이 있음.

세로 열쇠

❶ 소화 기관 안에 사는 작은 생물로, 이로운 균과 해로운 균 그리고 중간 균이 있음.
❷ 지방이 많이 들어 있는 식품으로, 땅콩이나 아몬드 등을 일컫는 말
❸ 세포가 영양소를 사용하는 과정에서 물과 ○○○ ○○, 암모니아가 생김.
❹ 입, 위, 작은창자는 기계적 소화와 ○○○ 소화를 모두 함.
❺ 똥이 만들어지는 소화 기관
❻ 몸속에서 분해된 영양소는 ○○○를 내는 데 쓰이거나 우리 몸을 만듦.
❼ 질긴 음식물을 뜯을 때 주로 사용하는 이의 종류
❽ 강한 산성을 띠는 위액으로부터 위벽을 보호하기 위해 위에서 소화액과 함께 내보내는 물질

●정답은 119쪽에

교과서 속으로

| 초등 6학년 2학기 과학 | 우리 몸의 구조와 기능 |

우리가 먹은 음식물은 어떻게 될까?

- **소화**
  - 음식물을 잘게 쪼개는 과정
    ↳ 소화 기관: 입, 식도, 위, 작은창자, 큰창자, 항문
    ↳ 소화를 돕는 기관: 간, 쓸개, 이자

- **음식물이 소화되는 과정**
  - 우리 몸속에 들어간 음식물은 입, 식도, 위, 작은창자, 큰창자를 거치며 소화된다.
  - 소화 과정에서 음식물에 들어 있는 영양소와 수분은 몸속으로 흡수되고, 남은 찌꺼기는 항문으로 배출된다.

 우리가 먹은 음식은 이런 과정을 거쳐 똥이 되지!

| 초등 6학년 2학기 과학 | 우리 몸의 구조와 기능 |

우리 몸은 노폐물을 어떻게 내보낼까?

- **노폐물**
  - 영양소를 이용해 에너지를 내고 생명 활동을 유지하는 과정에서 생긴다.
  - 혈액을 통해 이동하며, 배설 기관을 통해 몸 밖으로 나간다.

- **배설과 배설 기관**
  - 배설: 혈액에 있는 노폐물을 걸러 몸 밖으로 내보내는 과정
    ↳ 콩팥: 혈액에서 노폐물을 걸러낸다.
    ↳ 방광: 오줌을 모아 두었다가 몸 밖으로 내보낸다.

 오줌을 누는 것뿐 아니라 땀을 흘리는 것도 배설이야!

교과서랑 똑같네!

| 중 2학년 과학 | 동물과 에너지 |

우리 몸의 소화

- **소화계와 소화 기관**
  - 소화계란 소화와 흡수에 관여하는 위, 소장, 대장, 간, 이자 등의 소화 기관들을 통틀어 말한다.
- **영양소의 소화와 흡수**
  - 소화액에 의해 탄수화물은 포도당으로, 단백질은 아미노산으로, 지방은 지방산과 모노글리세리드로 분해된 후 소장의 융털로 흡수된다.

 소장은 작은창자, 대장은 큰창자야!

| 중 2학년 과학 | 동물과 에너지 |

우리 몸의 배설

- **배설계와 배설 기관**
  - 노폐물을 몸 밖으로 배설하는 데 관여하는 기관들로, 콩팥, 방광 등이 있다.
- **노폐물의 생성과 배설**
  - 탄수화물, 단백질, 지방을 소화하는 과정에서 물, 이산화 탄소, 암모니아와 같은 노폐물이 생성된다.
  - 물은 날숨, 땀, 오줌으로 나간다.
  - 이산화 탄소는 폐를 거쳐 코와 입에서 날숨으로 나간다.
  - 암모니아는 간에서 해독된 후 콩팥을 거쳐 오줌으로 나가거나 땀샘을 통해 땀으로 나간다.

 노폐물을 걸러 주는 기관이 있어서 정말 다행이지?

찾아보기

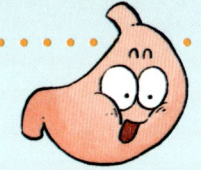

간 22, 34-35, 46, 58-59, 68-69, 75-77, 79-80, 96, 103-105, 109-110
곧창자 85, 112
기계적 소화 44-46, 54-55, 62, 70-71, 87
나트륨 24
날숨 101-102, 109-110
노폐물 101-102, 104-110
단백질 14, 16, 18-20, 23, 26, 29, 42, 54-55, 62, 68, 71, 76, 78, 80, 91, 93, 103
돌창자 67, 80
땀 101-103, 105-110
땀구멍 106-107, 109-110
땀샘 106-110
똥 33, 61, 85-87, 89-91, 93-94, 100-102, 112-113
모세 혈관 75, 106-107
무기 염류 16-19, 23-24, 26, 29
비타민 17, 19, 23, 26, 29, 76
방광 104-105, 109-110
방귀 84-85, 88-90, 93
배설 기관 101-110
배출 101-102, 112
분해 33-44, 46, 48, 54-55, 62, 68-69, 71, 75-76, 78, 80, 88, 90, 92-94, 103, 108, 110
빈창자 67, 80
산성 54-55, 62, 68-69, 71
샘창자 67-69, 80
생명 활동 13, 16-17, 26, 68

세포 33-35, 46, 75, 80, 100, 102, 110
소화 기관 13, 34-36, 38-40, 42, 44-46, 48, 56, 60, 68, 77, 80, 85-86, 88, 90-91, 94, 96-97, 100
소화액 45-46, 53, 62, 67-71, 86, 97
송곳니 36-38
식도 34-35, 45-46, 52-53, 55, 60, 96-97
쓸개 34-35, 46, 68-69, 71, 76
쓸개즙 68-69, 71, 76, 80, 96
암모니아 18-19, 76, 101-103, 105, 109-110
암죽관 75
앞니 36-38
어금니 36-38
에너지 12-14, 16-21, 24, 26, 33-34, 40, 59, 75-76, 102, 110
엿당 40, 44, 48
영양소 13-14, 16-21, 23-26, 28-29, 33-35, 39-40, 43, 46, 59, 66, 68-69, 71-77, 79-80, 86-88, 90, 92, 94, 100-102, 110
오줌 18, 60, 93, 100-106, 108-110
요도 113
위 13, 22, 34-35, 45-46, 52-62, 67-71, 80, 96-97, 112
위샘 53-54, 67
위액 53-55, 62, 68-69, 71
유산균 91-92, 94

육식 동물 37-38, 77-78
융털 72-75, 77, 80, 86
이산화 탄소 101-102, 109-110
이자 34-35, 46, 58-59, 68-69, 71, 96
이자액 68-69, 71, 80, 96
인공 첨가물 24-25
입 32, 34-36, 38-39, 42-46, 48-49, 52-55, 60, 67, 71, 84, 93, 96-97, 101, 112
작은창자 22, 34-35, 46, 56, 58, 60-62, 66-80, 85-87, 94, 96-97, 103
장내 미생물 88, 90-91, 93-94
점액 54-55, 62, 67-69, 71
조임근 60-62, 86, 97, 112-113
지방 14-16, 18-26, 29, 42, 48, 68-69, 71, 75-76, 80, 90, 93
초식 동물 37-38, 77-78
침 17, 38-46, 48-49, 53-55, 97
침샘 39, 46, 67
콩팥 22, 103-105, 108-110
큰창자 22, 34-35, 46, 56, 67, 70, 76, 80, 85-87, 89-94, 96-97, 103, 112
탄수화물 14-16, 18-20, 23, 26, 39-40, 42, 44, 46, 48, 54, 68, 71, 80
포도당 39-40, 44, 75-76, 80
항문 34-35, 46, 61, 86-87, 94, 96-97, 112-113
혀 39, 42-46, 55, 107
화학적 소화 44-46, 54-55, 62, 69-70

118

퀴즈 정답

1교시

01　① ✕　② ◯　③ ✕

02

2교시

01　① ◯　② ✕　③ ◯

02

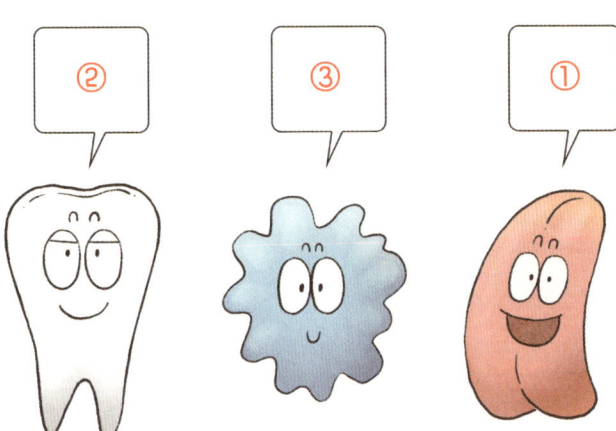

3교시

01　① X　② O　③ X

02

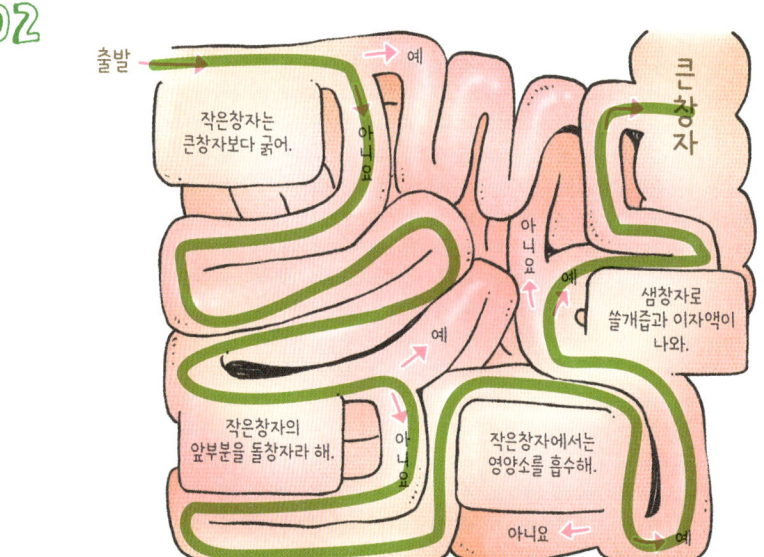

4교시

01　① O　② O　③ X

02

5교시

01 ① ✗ ② ○ ③ ○

02
① 큰창자에서는 음식물 찌꺼기에서 물을 흡수해 똥으로 만들어.
② 큰창자에는 장내 미생물이 많이 살아.
③ 식이 섬유가 든 채소나 과일을 많이 먹으면 큰창자가 건강해져.

6교시

01 ① ○ ② ✗ ③ ✗

02
〈보기〉
에너지를 낼 때 물, 이산화 탄소, 암모니아가 만들어지는데,
이 중 우리 몸에 해롭거나 필요 없는 물질을 노폐물이라 해.
우리 몸은 날숨과 땀, 오줌으로 이것을 내보내.

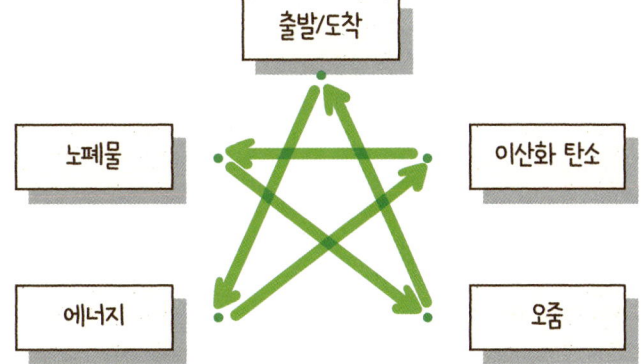

가로세로 퀴즈

				①장				②견
	①③이	자		내				과
	산			미		②무	기	염	류
③소	화			생				
	④탄	수	④화	물				
	소		학			⑤큰		
⑥에			적		⑤작	은	창	자
너				⑦송		자		
⑥지	방			곳				⑧점
		⑦암	모	니	아		⑧소	화	액

일러두기

· 맞춤법과 띄어쓰기는 국립국어원에서 펴낸 《표준국어대사전》을 따랐습니다.
· 과학 용어 표기는 《2015 개정 교육과정에 따른 교과용도서 개발을 위한 편수자료Ⅲ 기초과학, 정보 편》을 따랐습니다.
· 이 책에 실린 사진은 저작권자로부터 사용 허가를 받았습니다. 저작권자와 접촉하기 위해 최선을 다했으나 불가피한 사정으로 사용 허가를 받지 못한 일부 사진에 대해서는 저작권자와 연락이 닿는 대로 게재 허락을 받고 사용료를 지불하겠습니다.
· 이 책에 실린 그림의 저작권은 별도의 표기가 없는 한 사회평론에 있습니다.

사진 제공

14쪽: 픽스타 | 15쪽: 픽스타 | 21쪽: 픽스타 | 30~31쪽: 픽스타 | 37쪽: 픽스타 | 48쪽: 픽스타 | 50~51쪽: 야식이(YouTube) | 53쪽: Science Photo Library | 57쪽: Science Photo Library | 59쪽: 픽스타/야식이(YouTube) | 60쪽: Science Photo Library, 속편한내과 | 64~65쪽: 픽스타 | 72쪽: 픽스타/SuperStock | 74쪽: Science Photo Library, 픽스타 | 86쪽: Science Photo Library | 88쪽: needpix | 91쪽: 픽스타 | 92쪽: 퍼블릭도메인, Science Photo Library, 픽스타, 퍼블릭도메인, Science Photo Library, 퍼블릭도메인 | 98~99쪽: 픽스타 | 그 외: 셔터스톡

용선생의 시끌벅적 과학교실 | 소화와 배설

1판 1쇄 발행	2020년 7월 1일
1판 7쇄 발행	2025년 4월 14일
글	이현진, 설정민, 김형진, 이명화
그림	조현상(매드푸딩스튜디오), 뭉선생, 윤효식
감수	박재근
캐릭터	이우일
어린이사업본부	이승필
책임편집	최미라
편집	정세민, 이명화, 홍지예, 김미화, 최예리, 윤성진, 김예린
마케팅	윤영채, 정하연, 안은지, 박찬수, 강수림
경영지원본부	나연희, 주광근, 오민정, 정민희, 김수아, 김승현
아트디렉터	강찬규
디자인	디자인서가
사진	픽스타
펴낸이	윤철호
펴낸곳	(주)사회평론
전화	02-326-1182
팩스	02-326-1626
주소	03993 서울시 마포구 월드컵북로6길 56 사평빌딩
출판등록	1993년 10월 6일 제 10-876호

ⓒ 사회평론, 2020

ISBN 979-11-6273-117-8 73400

· 이 책 내용의 일부나 전부를 다시 사용하려면 저작권자와 사회평론의 동의를 받아야 합니다.
· 잘못 만들어진 책은 바꾸어 드립니다.

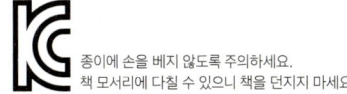

종이에 손을 베지 않도록 주의하세요.
책 모서리에 다칠 수 있으니 책을 던지지 마세요.